とりはずして使える

MAP

付録 街歩き地図

宮島・広島
尾道・倉敷

JN026856

切り取り線

TAC出版
TAC PUBLISHING Group

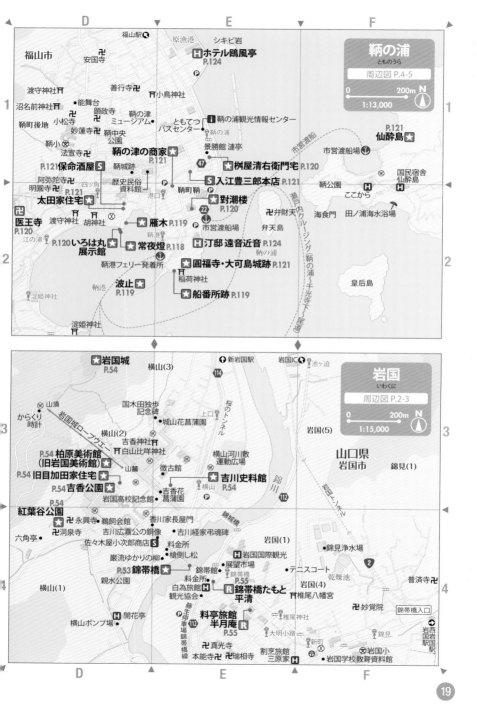

鞆の浦
とものうら

周辺図 P.4-5

0　　　　200m　N
1:13,000

福山市
福山駅
原漁港　シキビ岩
卍安国寺
Hホテル鴎風亭 P.124
善行寺卍
渡守神社卍　卍小鳥神社
沼名前神社卍　●能舞台
鞆町後地　顕政寺　鞆の津ミュージアム●
小松寺　　　　　ともてつバスセンター
鞆小⊗　妙蓮寺卍　鞆中央公園
i鞆の浦観光情報センター
鞆の浦
法宣寺卍　景勝館 漣亭
鞆の津の商家★ P.121
P.121保命酒屋 S
鞆城跡
阿弥陀寺卍　歴史民俗資料館
明圓寺卍 P.121
★桝屋清右衛門宅 P.120
四ツ角　港口
S入江豊三郎本店 P.121
太田家住宅★ P.121
渡守神社　胡神社⊗
★對潮楼 P.120
卍医王寺 P.120
★雁木 P.119
P.120いろは丸展示館★
★常夜燈 P.118
鞆港
鞆港フェリー発着所
江の浦
H汀邸 遠音近音 P.124
★圓福寺・大可島城跡 P.121
淀姫神社卍
稲荷神社
★波止 P.119
★船番所跡 P.119
淀姫神社

市営渡船
P.121
仙酔島★
市営渡船場
鞆公園
国民宿舎仙酔島 H
ここから
海食門　田ノ浦海水浴場
弁財天
弁天島
市営渡船場
瀬戸内クルージング鞆の浦～平光寺下～阿伏兎
皇后島

岩国
いわくに

周辺図 P.2-3

0　　　　200m　N
1:15,000

★岩国城 P.54
新岩国駅　岩国IC　池ヶ迫
横山(3)
114
山頂
からくり時計
岩国城ロープウェイ
国木田独歩記念碑
桜のトンネル
上口
城山花菖蒲園
岩国(5)
横山(2)
吉香神社卍
卍白山比咩神社
横山河川敷運動広場
山口県
岩国市
錦見(1)
P.54柏原美術館(旧岩国美術館)
山麓
徴古館
★吉川史料館 P.54
P.54旧目加田家住宅★
吉香花菖蒲園
横山
P.54吉香公園★
岩国高校記念館
岩国トンネル
P.54紅葉谷公園
卍永興寺●鵜飼会館
香川家長屋門
卍洞泉寺
吉川広嘉公の銅像
●吉川経家弔魂碑
岩国(1)
六角亭●
佐々木屋小次郎商店 S
料金所
錦見浄水場
巌流ゆかりの柳
●槍倒し松
岩国国際観光 P.55
P.53錦帯橋★
展望市場
料金所
錦帯館
★錦帯橋 P.55
●テニスコート
岩国(4)
乾燥池
2
普済寺卍
横山(1)
白為旅館
観光協会
H錦帯橋たもと平清 P.55
卍椎尾八幡宮
錦帯橋入口
横山ポンプ場
開花亭●
藤生停車場錦帯橋線
112
R料亭旅館半月庵 P.55
卍真光寺
大明小路
椎尾神社
錦見
卍妙覚院
岩西国岩国駅
横山(1)
親水公園
本能寺卍　卍瑞相寺
割烹旅館三原家
●岩国学校教育資料館
岩国小⊗
新町

しまなみ海道（広島県側）
しまなみかいどう(ひろしまけんがわ)

周辺図 P.2-3/P.4-5

0　1.5　3km
1:160,000
N

広島県

三原市

尾道IC
山陽自動車道
尾道JCT
養老温泉本館 H
福山西IC
西藤

東尾道駅
福山市
西瀬戸尾道IC
新尾道駅
栗原
尾道バイパス
尾道大橋出入口

三原駅
松寿寺卍
鳴滝山
平原
吉和
尾道 P.12-13 尾道駅

東広島駅
備後トンネル
山陽新幹線
山陽本線

みはら神明の里
尾道国際ホテル H

県立広島大
糸崎駅

筆影山
岩子島
向島IC
向島

須波駅
細島
P.112 向島洋らんセンター ★
加島

竹原駅
呉線
布刈瀬戸
観音崎

芸南街道
大浜PA
白滝山
因島大橋

佐木島
西瀬戸自動車道
因島北IC

P.117 しまなみドルチェ本店 S
高根島
★ 因島水軍城 P.112/P.122

P.116 瀬戸田町 観光案内所 i
卍光明寺
因島

▲高根山
奥山ダム

グランヴィレッジ 瀬戸内しまなみ H P.17
S 島ごころSETODA P.117
因島南IC
因島公園

★ 耕三寺博物館(耕三寺) P.112
生口島北IC

★ 平山郁夫美術館 P.113
平内島

瀬戸田 サンセットビーチ P.117
立石山▲

弓削島

瀬戸内しまなみ海道 尾道自動車道
P.116 多々羅大橋
観音山▲
H LEMON FARM GLAMPING しまなみ P.17
生口島南IC
瀬戸田PA
積善山▲
生名島
上島町

大三島IC
岩城島
佐島
H インランド・シー・リゾート・フェスパ

道の駅 多々羅しまなみ公園 P.117
トウビョウ鼻
赤穂根島

上浦PA
伯方島
今治市

S 大三島Limone P.117
★ 開山公園 P.113
開山
愛媛県
津波島

★ 大三島橋 P.116

★ 鼻栗瀬戸展望台 P.116

18

倉敷
くらしき

周辺図 P.4-5

0　　　50　　　100m

1:5,500

N

D

松田病院
鶴形北
倉敷中央ケアセンター
倉敷中央病院 ⊞
P

倉敷デパート
倉敷局 〒
鶴形1
8玉島
郵便局前

倉敷中央病院 ⊞
E
中央病院西　中央病院前

F

美和町第一公園

鶴形(1)
東小東

鶴形(2)
⊗倉敷東小
鶴形二丁目公園
美和2

美和(2)
美和町第二公園

★林源十郎商店 P.140
S アチブランチ P.141
S shop 三宅商店 P.141
R pizzeria CONO FORESTA P.141

観龍寺 卍

★鶴形山公園 P.134

鶴形山 P.134
▲
阿智神社
卍

美和町第二公園

R みやけ亭 P.149
三宅商店 R
P.147
本町局

P.147
R 倉敷 和のうまみ処 桜草
卍本栄寺
P.143 蟲文庫 S

P.143
S MUNI CARPETS
東町

語らい座大原本邸 ★ P.133
★有隣荘 P.133

倉敷帆布美観地区店
P.144

P.151
吉井旅館 H

襟立製帽所
倉敷本町店
P.144

S

S 呂舎 P.144
S 如竹堂 P.142
S 倉敷クラシカ P.143

エル・グレコ P.150

大原美術館 P.136

料理旅館 鶴形 H P.152
S 平翠軒 P.145
R やき鳥 くらしき高田屋 P.149

R 浜吉 ままかり亭 P.149
倉敷考古館 P.132
R H 旅館くらしき P.146/P.151

本町

市民会館 ●

P.131 倉敷民藝館 ★
中央(1)
倉敷館 ●

P.132
日本郷土玩具館 ★

R Premier P.148

S 愛美工房 P.134
★ 倉紡記念館 P.134

S C くらしき桃子 倉敷本店 P.150
R 冨來屋本舗 本館 P.147

いがらしゆみこ美術館 ●

● フローラルコート
P

くらしき川舟流し ★ P.128

★ 倉敷アイビースクエア P.134

S 旅のくすり箱 P.145
22
白壁通り

前神橋

船倉町

向山

P

D

E

F

17

卍千光寺 P.97

正授院卍 東尾道駅🚏 🚌長江口千光寺下

鳥居金山彦神社 P.100
鳥居艮神社 P.96
茶房こもん S P.106

昇福亭長江店 S
P.109
長江口

千光寺山ロープウェイ
山麓駅

P.98
• 招き猫美術館in尾道

★中村憲吉旧居

沙門堂

C 尾道ゲストハウス みはらし亭 P.101

★
天寧寺海雲塔
P.98

卍天寧寺

裏節堂通り

S 尾道ええもんや
P.109

P.124 西山本館 H

土堂(2)

浜の小路

C 帆雨亭 P.101

H LOG

卍信行寺

千光寺踏切下

★千光寺新道 P.99

卍宝土寺

P.104 つたふじ本店 R

🚏商工会議所前

尾道ロイヤル H

S 工房尾道帆布 P.108

住吉神社

山陽本線

与備津彦神社

土堂2

☗尾道局

P.106 やまねこ S

P.105 尾道お好み焼き
ぼっぽ家 R

• 商工会議所

•尾道中央
ビジター桟橋

🚏渡場通り

尾道本通り

R めん処みやち
P.104

P.107
からさわ

S
夕やけカフェドーナツ
P.107

⚓尾道渡船フェリー乗り場

尾道港

尾道水道

瀬戸内クルージング
(尾道～千光寺下～鞆の浦)
備後商船 (尾道～福田～常石)

尾道渡船フェリー乗り場 ⚓

尾道中心部
おのみちちゅうしんぶ

周辺図 P.12-13

0　　50　　100m
1:4,000

体育館 ●

市民プール ●

千光寺頂上展望台 PEAK ⭐
P.17/P.96

文学のこみち ⭐
P.97

千光寺公園

山頂駅

● 尾道市立美術館

鼓岩
（ポンポン岩） ⭐
P.100

東土堂町

千光寺山荘 Ⓗ

ネコノテパン工場 Ⓢ
P.107

光明寺 卍

西土堂町

土堂
児童公園

Ⓗ ビュウホテルセイザン

⭐ **千光寺公園視点場 MiTeMi**
P.17

持光寺 卍
P.99

P.100 **西土堂町の跨線橋** ⭐

海福寺 卍

土堂小 ⊗

②

土堂(1)

P.107

尾道商
会議所
記念館

Ⓢ **パン屋航路**

創作ジャム工房おのみち Ⓢ
P.108

石畳小路

● おのみち海辺の美術館

林芙美子像 ●

🚏 美美子像前

東第1踏切前

鮨と魚料理 保広 Ⓡ
P.103

うずしお橋

うず潮小径

郷土味 かけはし Ⓡ
P.102

海岸通り

尾道駅

🚏 尾道駅前

🚢 福本渡船

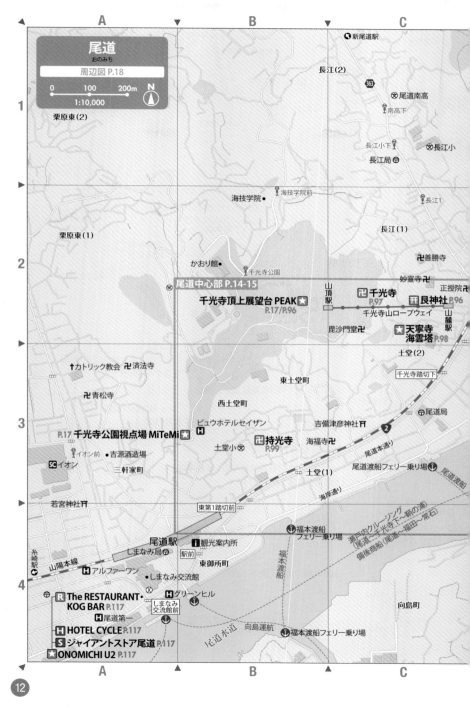

尾道
おのみち

周辺図 P.18

0　　100　　200m
1:10,000　　N

栗原東(2)

栗原東(1)

◎新尾道駅

長江(2)

363

⊗尾道南高
南高下

長江小下
長江局⊕
⊗長江小

海技学院 ●
海技学院前

長江1

長江(1)

卍善勝寺

かおり館 ●
千光寺公園

尾道中心部 P.14-15

千光寺頂上展望台 PEAK ★
P.17/P.96

山頂駅
千光寺 P.97

卍妙宣寺
正授院 卍

艮神社 P.96
千光寺山ロープウェイ
山麓駅

毘沙門堂卍

★天寧寺
海雲塔 P.98

†カトリック教会　卍済法寺
卍青松寺

土堂(2)

千光寺踏切下

⊕尾道局

東土堂町

西土堂町

P.17 千光寺公園視点場 MiTeMi ★

ビュウホテルセイザン
H

吉備津彦神社 ⛩

2

イオン前 ● 吉源酒造場
SC イオン

土堂小 ⊗

卍持光寺 P.99

海福寺卍

尾道本通り

尾道渡船フェリー乗り場 ⚓
尾道渡船

三軒家町

土堂(1)

海岸通り

若宮神社 ⛩

東第1踏切前

尾道駅
しまなみ局

観光案内所
駅前
東御所町

福本渡船
フェリー乗り場 ⚓

瀬戸内クルージング
(尾道〜千光寺下〜鞆の浦)
備後商船(尾道〜福田・常石)

糸崎駅 ◐
山陽本線

アルファーワン
しまなみ交流館 ●

福本渡船

R The RESTAURANT・
KOG BAR P.117

H 尾道第一
H HOTEL CYCLE P.117
S ジャイアントストア尾道 P.117
★ ONOMICHI U2 P.117

H グリーンヒル
しまなみ
交流館前

向島運航
福本渡船フェリー乗り場 ⚓

尾道水道

向島町

広島労働局 ●

D

▼

E

●白島電停

★ 広島県立美術館 P.67

広島合同庁舎 ●

縮景園前電停

上八丁堀4

幟町中 ⊗

広島中央
庭球場

合同庁舎前

合同庁舎前

H ユニゾイン広島

広島電鉄白島線

白島通り

広島パシフィック
ホテル

縮景園入口

F

1

⊕ 広島市民病院

H

女学院前電停

⊗ 広島女学院
高・中

女学院前

◎広島県庁

中央署前

京口門

幟町小⊗

東横イン H 幟町

広島中央署 ⊗

H アーバイン広島セントラル

⊗広島国際大
（広島キャンパス）

県警本部 ⊗

R みっちゃん総本店
八丁堀本店 P.75

P.65

中華そば くにまつ R

鉄砲町5

世界平和
記念聖堂

★

5
伊予

P.81

エリザベト⊗
音楽大

2

R 胡桃屋
P.77

あおぞら

RCC文化センター

立町

立町電停

八丁堀

⊗

りそな 8

広島電鉄本線

八丁堀

P.73

京橋

R 四季祭

八丁堀電停

八丁堀

胡町電停

チサン H

京橋駅電停

H ひろしま
国際

SC 福屋

八丁堀

R 酔心本店 P.71

SC 広島三越

164

銀山町電停

レガロホテル広島 H

バッケンモーツアルト S
中央通り本店

八丁堀

S 白鳳堂 広島三越店
P.89

8もみじ

8広島

稲荷大橋

広島駅電停

3

本通商店街

P.86

P.85

P.85 MUSIMPANEN C

SC パルコ

C ドーナツ・クッキー からす麦専門店

堀川町

ワシントン↓ R RIVA P.73

元祖へんくつや 総本店 R H

P.77

R 廣島つけ麺本舗 ばくだん屋 総本店 P.80

袋町公園 ⊗

並木通り

R お好み共和国 ひろしま村 P.79

銀山町13

バターケーキの
長崎堂 S

H

新天地

R お好み村 P.79

P.87

世羅別館

中町1

三川町8

R 薬研堀 八昌 P.75

東広島橋南詰

広島リッチホテル
並木通り H

中央通り

広島商銀

東広島橋

広島 8

R いちりん

P.73

R お好み焼き 越田
P.76

P.70

R オリーブオイルとチーズのお店
LUCIO

4

富士見町

三川町

28広島 H

P.90

平塚町

H オリエンタルホテル広島

東平塚町

H 東横イン

平塚公園

D

▲

E

▲

F

▼

広島市中心部
ひろしましちゅうしんぶ
周辺図 P.8-9

0 100 200m
1:8,000

県立総合体育館前　東1　城北駅
グリーンアリーナ　南1　城南通り　西1
（県総合体育館）　小アリーナ　市立　西2　広島城
こども文化　中央図書館　北1 ひろしま美術館 P.67　南1
科学館

清住寺
十日市東
本川町電停　本川町　相生通り　相生橋
本川小　原爆ドーム前電停　P2 西7　広島バスセンター　県庁前駅
平和の時計塔　原爆ドーム前　P1 紙屋町　西5　メルパルク　県庁前
世界遺産登録　原爆ドーム P.64　広島筆センター 広島店 S　紙屋町西　中央1　農林庁舎
本川公園　平和の鐘　Caffè Ponte ITALIANO C　電停　紙屋町　中央6　紙屋町東電
原爆の子の像　元安橋　県民文化　みずほ　中央5　中央3　東1 紙屋町東電
ひろしまゲートパーク P.16
リーガロイヤルホテル広島 P.90
そごう広島店（本館・新館）
中央2 東2 紙屋町
南1 南3-1 南2
南3-2 広島本店
南4 三井住友
本通駅 本通
お好み焼 長田屋 P.78
かき船 かなわ P.71
本通電停　長崎屋 P.87
慰霊碑　国立広島原爆　冷めん家 P.80　三菱UFJ　市町村情報センター S
平和記念公園 P.62　死没者追悼　袋町4-24　ひろしま夢ぷらざ P.86/P.89
平和祈念館　Hiroshima Oyster bar MABUI Fukuromachi P.71
広島国際会議場
広島平和記念資料館 P.65　福岡　山口　袋町
祈りの泉　袋町　頼山陽史跡　袋町小学校
西平和　平和公園前　平和の塔　福岡　資料館 P.68　平和資料館 P.65
大橋　NHK放送センタービル　法華クラブ
宮島　平和記念公園　白神社　ANA クラウンプラザホテル広島 P.90
平和大橋　白神社前　三井ガーデン
中島町　浄圓寺　相鉄グランド　白神社前　小町
加子町（文化交流会館）　汁なし担担麺専門 キング軒 P.81　中電前電停　エスプル　平和大通り
中電病院　広島平和公園　鳥取
中国電力
万代橋　コンフォート

横川一丁目電停 ♀横川駅
中広中 ⊗
新白島駅
宮島口駅、
新岩国駅
ℝ MILLE P.72
別院前電停
広島電鉄横川線
城北駅
基町高 ⊗ 白島小
白島電停
白島局
1
広島基町局 ⊕
基町小 ⊗
アストラムライン
⊗基町高
家庭裁判所前
電停
エディオンピースウイング広島 ★ P.16
中区
★広島城 P.66
広瀬小 ⊗
寺町電停 空鞘橋
54
🏯 広島護国神社 P.66

広島市中心部 P.10-11
縮景園前電停
グリーンアリーナ
広島県立美術館 P.67
こども文化科学館 •
ひろしま美術館 ★ P.67
広島市民病院 ⊕
女学院前電停
P.16
広島電鉄白島線
むすびのむさし ℝ
土橋店 P.83
ひろしまゲートパーク ★
県庁前駅
立町電停
十日市町電停
本川町電停
相生橋
原爆ドーム前電停
広島県庁 ◉
八丁堀電停
2
小網町電停
喫茶めくる ⒸP.84
183
原爆ドーム ★ P.64
紙屋町西電停
紙屋町東電停
胡町電停
🄶宮島
広島電鉄本線
土橋電停
本通駅
平和記念公園 ★ P.62
本通電停
🅂 広島三越
緑大橋
広島国際会議場 •
P.65
頼山陽史跡資料館 P.68
広島電鉄江波線
広島平和記念
資料館 ★
⊗袋町小学校
舟入町電停
西平和大橋
世界遺産航路
袋町電停
袋町小学校
平和資料館 P.65
神崎小 ⊗
中島中崎橋
HBGホール
平和大橋
3
中央図書館 •
平和大通り
中島小 ⊗
中電前電停

万代橋
貴家 ℝ P.77
新住吉橋
⊗広島国泰寺高
市役所前電停
新明治橋
Ⓞ中区役所
国泰寺中
🄶宮島
岩国
中区
◎広島市役所
54
広島市役所前
明治橋
2
国泰寺
⊗広島三育学院小
4
鷹野橋電停
広島電鉄宇品線
日赤病院前電停
山太田川・太田川
広島市赤十字原爆病院 ⊕
広島大
（東千代田キャンパス）
広島市消防局 ⊗
広島赤十字原爆病院 ⊕
⊗千田小
平野橋川
♀宮島
南大橋

D | E | F

長浜

43

⛩長浜神社

⊗宮島中・小

卍真光寺

宮島ホテルまこと

リブマックスリゾート安芸宮島

比之神社

廿日市市
宮島町

紅葉谷川

🅡もみじ荘　中尾橋

紅葉谷橋

奥紅葉谷橋　紅葉谷駅

宮島ロープウエー

獅子岩駅➍

厳島港厳島神社線

今伊勢神社⛩
●宮尾城跡
卍存光寺
みなと隧道

🅗旅館さくらや
🅢御菓子司 ミヤトヨ本店 P.51
🅗ゲストハウス菊がわ

🅗みや離宮
🅡お食事処 梅山 P.44
🅗北之町厳妹妹家

あなごめし 花菱🅡　P.44
🅢やまだ屋 宮島本店 P.50

P.56 厳島いろは🅗
🅡くらわんか P.43
🅢菓子処 きむら P.50

宮島局

P.45
宿屋食堂&バー
まめたぬき🅡
🅒GEBURA P.47
牡蠣フライ串と麦酒🅢
P.49
P.56 錦水館🅗
🅢宮島工芸製作所 P.49
🅡牡蠣屋 P.43
P.51 藤い屋🅢 🅡焼がきのはやし P.42
P.48 P.47
🅢宮島ブルワリー CAFE HAYASHIYA🅒
🅒宮島珈琲 P.47 ⊗

♨広島信金

P.50
紅葉堂🅢
本店 🅢宮島醤油屋 🅒ぎゃらりぃ 宮郷 P.46
本店 P.48
P.36 🅗旅荘かわぐち
🎌豊国神社
(千畳閣)
★厳島神社 五重塔 🅒牡蠣祝 P.46
P.36

⛩荒胡子神社 🚰役場前

三翁神社⛩ 卍光明院

表参道商店街
おもてさんどうしょうてんがい
周辺図 P.6-7
0 ——— 50m Ⓝ
1:4,000

広島電鉄宮島口駅
広電宮島線
総本福仁奥口園前

廿日市市

宮島口駅前
🚰宮島口
🆂🅲etto
🅢おきな堂 P.51
♨宮島ターミナル
旅客ターミナル

宮島口
みやじまぐち
周辺図 P.2-3
0 ——— 100m Ⓝ
1:8,000

❷
43

🅗宮島コーラルホテル

🅡あなごめし うえの P.44

➍岩国

宮島
宮島
宮島
宮島
宮島

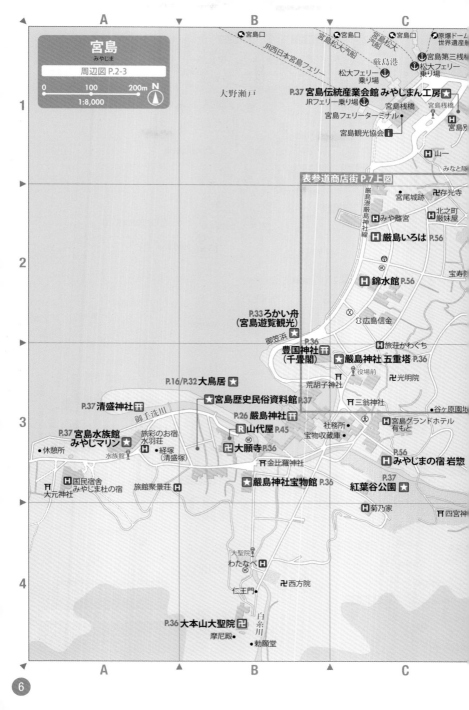

宮島
みやじま

周辺図 P.2-3

0 100 200m N
1:8,000

大野瀬戸

◯宮島口　宮島口 宮島口　◯宮島口　◯原爆ドーム
世界遺産館

JR西日本宮島フェリー　宮島松大汽船　宮島松大
厳島港　宮島第三桟橋
松大フェリー乗り場
松大フェリー乗り場

P.37 宮島伝統産業会館 みやじまん工房 ★

JRフェリー乗り場
宮島桟橋　宮島桟橋
宮島フェリーターミナル
Ｈ宮島別
宮島観光協会 ⓘ
Ｈ山一
みなと隣

表参道商店街 P.7上図

卍存光寺
宮尾城跡
Ｈみや離宮　北之町
Ｈ厳妹屋
厳島港厳島神社線

Ｈ**厳島いろは P.56**

Ｈ**錦水館 P.56**　宝寿隆

ひ広島信金

**P.33 ろかい舟
(宮島遊覧観光)**
御笠浜　★
**P.36
豊国神社
(千畳閣)**　Ｈ旅荘かわぐち

★**厳島神社 五重塔 P.36**

役場前
卍光明院
荒胡子神社
P.16/P.32 大鳥居 ★
〒三翁神社
★**宮島歴史民俗資料館 P.37**
●谷ヶ原団地
御手洗川
P.37 清盛神社 〒
P.26 厳島神社 〒
Ｈ宮島グランドホテル
有もと
**P.37
宮島水族館
みやじマリン ★**
旅彩のお宿
水羽荘
Ｒ**山代屋 P.45**
●休憩所
水族館
経塚
(清盛塚)
卍**大願寺 P.36**
社務所●
宝物収蔵庫
P.56
Ｈ**みやじまの宿 岩惣**
〒金比羅神社
旅館聚景荘 Ｈ
Ｈ国民宿舎
みやじま杜の宿
★**厳島神社宝物館 P.36**
P.37
〒
大元神社
紅葉谷公園 ★

Ｈ菊乃家
〒四宮神

大聖院
わたなべ Ｈ

仁王門　卍西方院

P.36 大本山大聖院 卍
白糸川
摩尼殿　●勅願堂

A　　　　B　　　　C

6

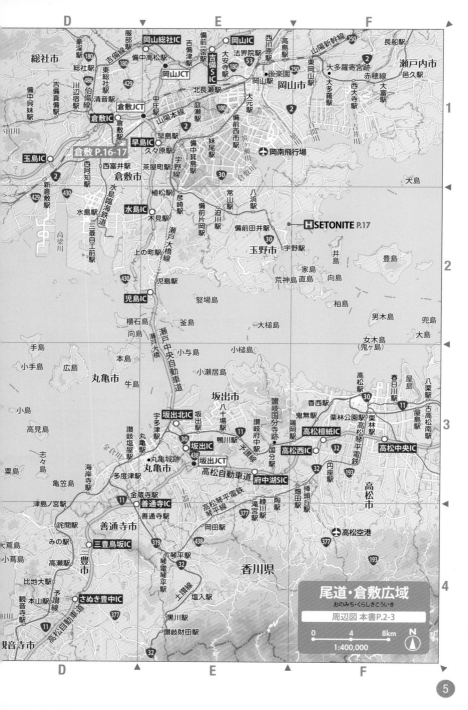

尾道・倉敷広域
おのみち・くらしきこういき
周辺図 本書P.2-3

0　4　8km
1:400,000

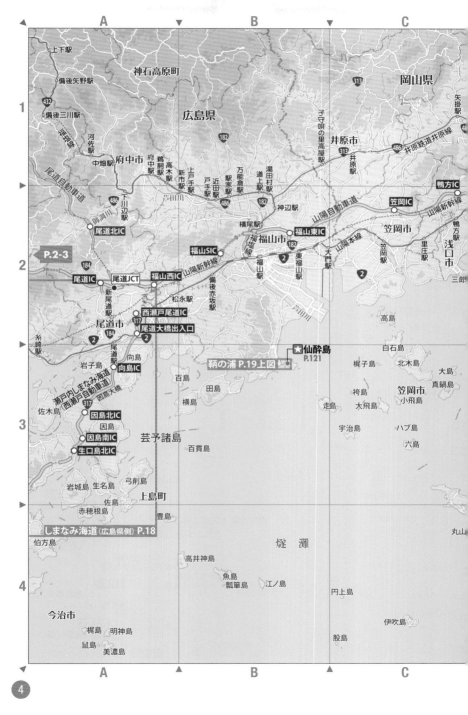

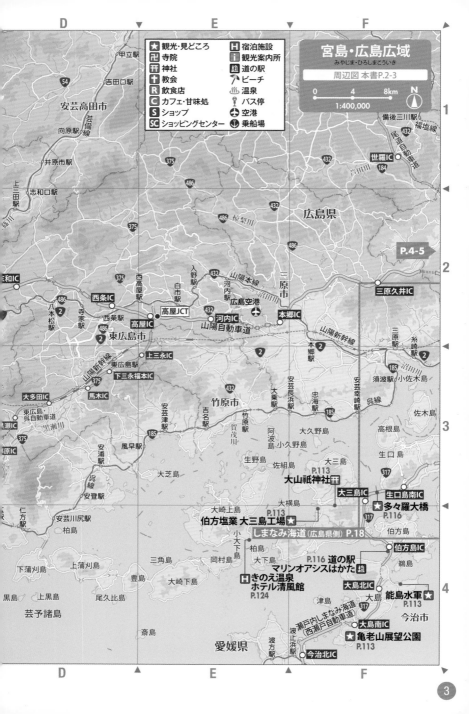

宮島・広島広域
みやじま・ひろしまこういき
周辺図 本書 P.2-3

記号	意味	記号	意味
★	観光・見どころ	H	宿泊施設
卍	寺院	i	観光案内所
⛩	神社	道	道の駅
♁	教会	⚓	ビーチ
R	飲食店	♨	温泉
C	カフェ・甘味処	🚏	バス停
S	ショップ	✈	空港
SC	ショッピングセンター	⚓	乗船場

0　　　4　　　8km
1:400,000
N

甲立駅
吉田口駅
安芸高田市
向原駅
井原市駅
志和口駅

広島県

世羅IC
備後三川駅
福塩線
尾道自動車道

P.4-5

和IC
西条IC
八本松駅
寺家駅
西条駅
高屋IC
東広島市
高屋JCT
河内IC
広島空港
本郷IC
山陽自動車道
入野駅
河内駅
三原市
三原久井IC
三原駅
糸崎駅

大多田IC
東広島・呉自動車道
黒瀬川
瀬IC
原IC
上三永IC
下三永福本IC
馬木IC
東広島駅
竹原市
竹原駅
賀茂川
安芸津駅
風早駅
安浦駅
安登駅
呉線
大乗駅
忠海駅
安芸幸崎駅
須波駅
小佐木島
呉線
佐木島
高根島
生口島

大芝島
生野島
佐組島
阿波島
小久野島
大久野島
大山祇神社 P.113
大三島

大崎上島
大横島
伯方塩業 大三島工場 P.113
しまなみ海道(広島県側) P.18

多々羅大橋 P.116
大三島IC
生口島南IC
317
伯方島
伯方IC
鵜島

安芸川尻駅
柏島
三角島
岡村島
大崎下島
豊島
大崎下島
下蒲刈島
上蒲刈島
尾久比島
黒島
上黒島
芸予諸島

小大下島
大下島
津島
大島
能島水軍 P.113
道の駅
マリンオアシスはかた P.116
きのえ温泉 ホテル清風館 P.124
大島北IC

今治市

斎島
波止浜駅
今治北IC
大島南IC
亀老山展望公園 P.113
瀬戸内しまなみ海道(西瀬戸自動車道)

愛媛県

仁方駅

3

広島県

浜田自動車道

千代田IC
千代田JCT

北広島町

中国自動車道

牛頭山トンネル

広島北JCT

広島北IC

あき亀山駅

可部線

中島駅

下深川駅
中深川駅
白木山駅

狩留家駅
上深川駅

広島西風
新都心IC

広島自動車道

緑井駅
古市橋駅
下祇園駅

広島JCT

広域公園前駅
安芸長束駅

広島IC

広島東IC

みどり中央駅
みどり口駅

瀬野西

五日市IC

広島市

三滝駅
新白島駅

矢賀駅

中野東駅

中野IC

海田東IC

広島市街広域

ひろしましがいこういき

周辺図 P.2-3

0 ─── 1km

1:100,000

N

P.79 Wood Egg お好み焼館 ★

廿日市市

廿日市IC
廿日市JCT

宮内串戸駅

五日市駅

宮島口駅
前空駅

広島電鉄

地御前駅

広島湾

シュモーハウス ★
P.65

陽気 R
P.82

左図

金輪島

坂北IC

坂南IC

水尻駅

★ 原爆ドーム P.64

小屋浦駅
呉ポートピア駅

天応西IC

天応東IC
天応駅

広島呉道路

P.42 島田水産 かき小屋 R

宮島口 P.7下図

宮島 P.6-7

厳島神社 P.26

弥山 P.34

庭園の宿
石亭
P.56

大野IC

大野浦駅

宮島(厳島)

大奈佐美島

江田島駅
かるが浜駅

呉線

吉浦駅

川原石駅

呉IC

31

呉市

呉185

大竹市

大竹IC

玖波駅

小黒神島

江田島市

阿賀

大竹駅

和木駅

猪子島
阿多田島

能美島

三子島

和木町

岩国IC

岩国 P.19下図

岩国駅

西岩国駅

今津川

★ 錦帯橋 P.53

大黒神島
沖野島

情島

倉橋島

新岩国駅

川西駅

南岩国駅

岩国錦帯橋空港

長島

柱野駅

藤生駅

岩徳線

門前川

山陽本線

欽明路駅

岩国市

山口県

MAP

付録 街歩き地図

宮島・広島

尾道・倉敷

宮島・広島
尾道・倉敷

D 東城
中国自動車道
中国自動車道 帝釈峡
新成羽川ダム
吹屋街道 吹屋
伯備線
吉備中央町
484
429
高梁市
313 賀陽
岡山自動車道
岡山自動車道
53
岡山空港
山陽自動車道
山陽
旭川
F

182
182
東城街道
182

岡山県
成羽川
備中高梁駅
484
180
岡山総社
最上稲荷
山陽新幹線
吉備津
岡山
250

尾道・倉敷広域 付録P.4-5
府中市
神石高原町
福塩線
三川ダム
八田原ダム
184
福山線
尾道北
尾道市
尾道
福山北
福山東
福山市
福山駅
山陽本線
313
井原市
矢掛町
486
486
太田川
倉敷
玉島
鴨方
新倉敷駅
2
笠岡
笠岡市 里庄町
313
182
496
313
182

総社市
吉備津神社
岡山JCT
岡山駅
後楽園
2
岡山市
東区
南区
南区
米崎
宇野線
玉野市
直島町

倉敷JCT
早島町
早島
倉敷駅
倉敷市
429
水島
430
瀬戸大橋線
高梁川
三菱自工前駅
浅口市
青佐鼻
水島港
430
児島
鷲羽山
渋川海岸
30
30
宇野線
玉野市
430

496
福山西
新尾道駅
尾道駅
尾道大橋
尾道JCT
西瀬戸尾道道
西瀬戸尾道道
2
向島
瀬戸田PA
西瀬戸自動車道
因島北
因島
因島南
317
生口北
口島南
佐島
上島町
御崎
福山港
仙酔島
瀬戸内海
笠岡市
笠岡市
三崎
詫間湾
本島
丸亀市
多度津町
高見島
多度津町
五色台
坂出北
坂出駅
坂出市
瀬戸中央自動車道
瀬戸中央自動車道
宇多津町
坂出
坂出JCT
予讃線
高松檀紙
高松西
32
高松
高松中央
屋島
高松駅

魚島
燧灘
伊吹島
三豊鳥坂
三豊市
観音寺市
観音寺市
大野原
11
377
丸亀市
丸亀駅
善通寺
善通寺
善通寺市
金刀比羅宮
琴平町
琴平駅
高松琴平電鉄
32
138
琴電琴平駅
綾川町
高松空港
香川県
讃岐まんのう公園
満濃池
まんのう町
大川山
三好市
377
32
竜王山
193
438

高知自動車道
予讃線
高松自動車道
雲辺寺山
曼陀峠
192
井川池田
32
徳島自動車道
吉野川
徳島線
美馬
東みよし町
徳島県

新居浜市
新居浜
松山自動車道
予讃線
土居
川之江駅
川之江JCT
川之江東JCT
319
三好市
腕山
11
小松
小松JCT
194
いよ西条
赤星山
四国中央市
三島川之江
新宮
高知自動車道
319
小歩危
大歩危
祖谷渓
矢筈山
つるぎ町
438

D
笹ヶ峰
194
四
国
山
E
高知県
地
F
土讃線
32
439
京柱峠
香美市

あなただけの
プレミアムな
おとな旅へ！
ようこそ！

SIGHTSEEING

痛ましい姿を
前にして、改めて
平和に感謝する

原爆ドーム ➡ P.64

MIYAJIMA HIROSHIMA

宮島・広島への旅

煌めく瀬戸内、静寂の路地。
のどかな旅、聖なる旅の記憶

古代より海上交通の要衝や、
軍事拠点として重要視された
小さな島々や沿岸の漁村。
厳島神社の朱の社殿や大鳥居、
鞆の浦の江戸時代の港の遺構、
倉敷のモダンな街並みなど、
往時の面影を伝える場所は、
今でも人気の観光スポットだ。
カキや穴子など名物グルメは
客人をとりこにするだろう。
また、忘れてはいけないのは、
戦争惨禍を伝える平和記念公
園。G7広島サミットでは、各国首
脳による献花が行われた。

SIGHTSEEING

ほのかな
明かりが幻想的
に照らす白壁の
道を散策

倉敷美観地区　➡ P.128

SIGHTSEEING

海に浮かぶ
回廊を進み、
本殿へ向かう

嚴島神社　➡ P.26

厳島神社の大鳥居や瀬戸内海を
望む多宝塔の周辺は桜の名所。日
没頃からはライトアップの光も加
わり、よりいっそう優美な光景に

美しい街並みや建造物の
宝庫で街歩きが楽しい

ご当地グルメや名産品
に出会う旅の醍醐味

古い蔵のなかで
上質なアイテムに遭遇

GOURMET

名物の
お好み焼は
広島を代表する
有名店で

GOURMET

瀬戸内の名産
穴子をお造りで。
上品な味わいに
うっとり

新鮮なカキの
プリプリ食感に
感動！

麗ちゃん ➡ P.74

郷土味 かけはし ➡ P.102

陽光きらめく
瀬戸内の島々へ

SHOPPING

瀬戸内の
太陽が
香り高いレモン
を育てる

島ごころ SETODA ➡ P.117

青く澄み切った空と海の
なか、日本最大の斜張橋・
多々羅大橋が白く輝く

CYCLING

海辺で
心地よい潮風を
感じながら
ひと休み

瀬戸田サンセットビーチ ➡ P.117

おとな旅プレミアム PREMIUM 宮島・広島 尾道・倉敷

CONTENTS

宮島

広島

尾道

倉敷

エリアと観光のポイント
宮島・広島・尾道・倉敷はこんなところです

宮島の厳島神社や広島の平和記念公園、
瀬戸内海に沿いの懐かしい街並み。
まずは各エリアと見どころを理解する。

神秘的な厳島神社が鎮座する島

宮島 ➡ P.23 広島県
みやじま

日本三景のひとつに数えられる景勝地。古くから神が
宿る島として信仰を集め、世界遺産の厳島神社は日本
屈指の観光地だ。みやげ店が並ぶ表参道商店街は散
策にびったり。霊峰・弥山にも足を運びたい。

⬅⬅修復が完了した厳
島神社の大鳥居(左)、
奇岩でも有名な標高
535mの弥山(上)

観光のポイント 厳島神社は潮汐によって景観が変わるので、事前
に満潮・干潮の時間を調べておこう

世界中から人々が訪れる平和都市

広島 ➡ P.57 広島県
ひろしま

中国・四国地方最大の都市。街の中心に広がる平和記
念公園周辺には、原爆ドームや広島平和記念資料館、
慰霊碑などがある。広島城や縮景園といった史跡のほ
か美術館も充実。ショッピングやグルメも満喫したい。

⬇広島城(下)と平和
のシンボル、世界遺産
の原爆ドーム(右)

観光のポイント 平和を祈る施設が集まる平和記念公園は必ず訪れ
たい場所。近くには繁華街もある

美しい錦帯橋は必見

岩国 ➡ P.52 山口県
いわくに

広島県に隣接する山口県岩国市。
江戸時代に岩国藩の城下町とし
て繁栄した。5連アーチ型の錦帯
橋のほか、岩国城や武家屋敷な
どの史跡も点在。

➡日本三名橋のひとつの錦帯橋

島々をつなぐ海の道

しまなみ海道 ➡ P.110 広島県
しまなみかいどう

広島県尾道市と愛媛県今治市を
結ぶ全長約60kmの道路。自転車・
歩行者専用道路も併設し、さわ
やかな風を感じながらのサイク
リングも楽しい。

➡3連吊り橋の来島海峡大橋

広島県

岡山県

高梁市

岡山空港

岡山自動車道

三次東JCT

三次市

総社市

岡山JCT

尾道自動車道

府中市

神石高原町

井原市

矢掛町

倉敷JCT

早島町

世羅町

世羅

福山市

井原鉄道

笠岡市

浅口市

倉敷市

水島

瀬戸大橋線

宇野線

三原市

尾道市

尾道北

福山JCT

福山東

福山S

福山西

山陽自動車道

福山駅

山陽新幹線

児島

瀬戸中央自動車道

丸亀市

宇多津町

坂出

東広島市

山陽本線

広島空港

三原駅

西瀬戸尾道

尾道駅

尾道

仙酔島

鞆の浦

笠岡市

多度津町

丸亀市

香川県

三豊市

善通寺市

琴平町

竹原市

呉線

向島

佐木島

因島北

生口島北

因島

因島南

瀬戸内海

大崎上島町

大三島

生口島南

佐島

上島町

しまなみ海道

今治市

伯方島

大島

魚島

大崎上島

刈島 三角島

大崎下島

大島北

大島南

愛媛県

今治北

今治

今治市

松山市

今治湯ノ浦

新居浜

東予

松山自動車道

倉敷川沿いに土蔵や町家が並ぶ美観地区

倉敷 ➡P.125 岡山県

江戸時代から倉敷川の水運
で栄えた物資の集積地。観
光の中心となる美観地区に
は今も古い土蔵や屋敷が残
り、レトロな洋館と調和。

↪白壁が美しい倉敷美観地区

**観光の
ポイント** 土蔵や町家を改装したショップやカフェに注目。大原
美術館は時間に余裕をもって訪れたい

映画の舞台としても有名、海を望む坂の街

尾道 ➡P.91 広島県
おのみち

多くの文人に愛され、さまざま
な映画の舞台にもなった街。尾
道水道を見下ろす山の斜面に
家々が並び、由緒ある寺社も多
い。細い坂道が連なる風景は、
どこか懐かしく情緒たっぷり。

↪坂の上から見る海の景色

**観光の
ポイント** 見どころは山側に集中。ロープウェイで山頂へ上り、坂
道を下りながら観光するのが効率的

レトロな風情漂う港町

鞆の浦 ➡P.118 広島県
とものうら

瀬戸内海を行き交う船の、潮
待ちの港として栄えた街。江
戸時代の港湾施設や商家が今
も残り、どこか懐かしい雰囲
気をまとう。

↪常夜燈が街のシンボルになっている

季節のイベントと食材をチェック
トラベルカレンダー

季節によってさまざまな魅力を見せる宮島・広島・尾道・倉敷。
自分に合った旅を見つけよう。

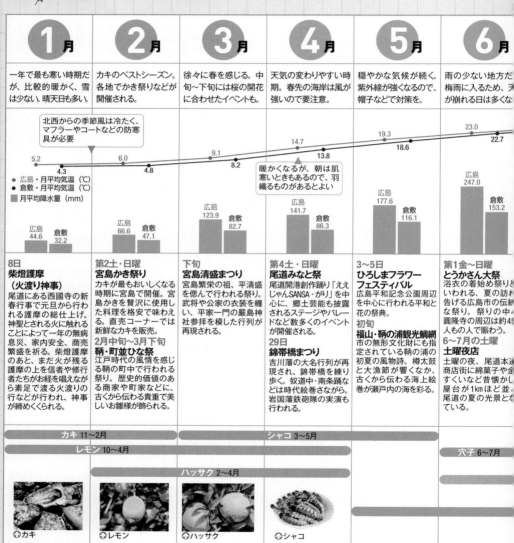

1月	2月	3月	4月	5月	6月
一年で最も寒い時期だが、比較的暖かく、雪は少ない。晴天日も多い。	カキのベストシーズン。各地でかき祭りなどが開催される。	徐々に春を感じる。中旬～下旬には桜の開花に合わせたイベントも。	天気の変わりやすい時期。春先の海岸は風が強いので要注意。	穏やかな気候が続く。紫外線が強くなるので、帽子などで対策を。	雨の少ない地方だが梅雨に入るため、天気が崩れる日は多くな

北西からの季節風は冷たく、マフラーやコートなどの防寒具が必要

暖かくなるが、朝は肌寒いときもあるので、羽織るものがあるとよい

● 広島・月平均気温（℃）
● 倉敷・月平均気温（℃）
■ 月平均降水量（mm）

広島 月平均気温：5.2 / 6.0 / 9.1 / 14.7 / 19.3 / 23.0
倉敷 月平均気温：4.3 / 4.8 / 8.2 / 13.8 / 18.6 / 22.7

月平均降水量：
広島 44.6　倉敷 32.2
広島 66.6　倉敷 47.1
広島 123.9　倉敷 82.7
広島 141.7　倉敷 86.3
広島 177.6　倉敷 116.1
広島 247.0　倉敷 153.2

1月	2月	3月	4月	5月	6月
8日 **柴燈護摩** **（火渡り神事）** 尾道にある西國寺の新春行事で元旦から行われる護摩の総仕上げ。神聖とされる火に触れることによって一年の無病息災、家内安全、商売繁盛を祈る。柴燈護摩のあと、まだ火が残る護摩の上を信者や修行者たちがお経を唱えながら素足で渡る火渡りの行などが行われ、神事が締めくくられる。	**第2土・日曜** **宮島かき祭り** カキが最もおいしくなる時期に宮島で開催。宮島かきを贅沢に使用した料理を格安で味わえる。直売コーナーでは新鮮なカキを販売。 **2月中旬～3月下旬** **鞆・町並ひな祭** 江戸時代の風情を感じる鞆の町中で行われる祭り。歴史的価値のある商家や町家などに、古くから伝わる貴重で美しいお雛様が飾られる。	**下旬** **宮島清盛まつり** 宮島繁栄の祖、平清盛を偲んで行われる祭り。武将や公家の衣装を纏い、平家一門の厳島神社参拝を模した行列が再現される。	**第4土・日曜** **尾道みなと祭** 尾道開港創作踊り「ええじゃんSANSA・がり」を中心に、郷土芸能も披露されるステージやパレードなど数多くのイベントが開催される。 **29日** **錦帯橋まつり** 吉川藩の大名行列が再現され、錦帯橋を練り歩く。奴道中・南条踊などは時代絵巻さながら。岩国藩鉄砲隊の実演も行われる。	**3～5日** **ひろしまフラワーフェスティバル** 広島平和記念公園周辺を中心に行われる平和と花の祭典。 **初旬** **福山・鞆の浦観光鯛網** 市の無形文化財にも指定されている鞆の浦の初夏の風物詩。樽太鼓と大漁節が響くなか、古くから伝わる海上絵巻が瀬戸内の海を彩る。	**第1金～日曜** **とうかさん大祭** 浴衣の着始め祭りともいわれる、夏の訪れを告げる広島市の伝統的な祭り。祭りの中心、圓隆寺の周辺は約45万人もの人で賑わう。 **6～7月の土曜** **土曜夜店** 土曜の夜、尾道本通商店街に綿菓子や金魚すくいなど昔懐かしい屋台が1kmほど並ぶ。尾道の夏の光景となっている。

カキ 11～2月
レモン 10～4月
ハッサク 2～4月
シャコ 3～5月
穴子 6～7月

↑カキ　　↑レモン　　↑ハッサク　　↑シャコ

↑錦帯橋まつり

↑福山・鞆の浦観光鯛網

↑とうかさん大祭

↑ひろしまドリミネーション

7月

各的な夏が到来。各で港町ならではの祭行事が数多く開催。

27.1 — 26.5

台風が多い9月。船舶や飛行機の欠航に注意。雨具は必携

広島 258.6
倉敷 146.1

3月曜の前の〜日曜
神祭
道の御袖天満宮で行れる祭り。映画『転主』にも登場する55の階段を御輿が上りする光景は壮観。

白桃 7〜8月

小イワシ 6〜9月

マスカット 5〜11月

8月

広島市を中心に、平和を祈り、さまざまな式典やイベントが開催される。

28.2 — 27.5

広島 110.8
倉敷 75.7

6日
平和記念式典
広島市に原爆が投下された8月6日に平和記念公園で行われる。原爆死没者の霊を慰め、世界恒久平和の実現を祈念する式典。

7月下旬〜8月上旬
管絃祭
厳島神社および周辺で開催される日本三大船神事のひとつ。貴族の管絃遊びをルーツとし、瀬戸の海で繰り広げられる優雅な祭儀。

タコ 8〜10月

9月

中旬頃まで残暑が続く。中旬以降は台風も多く、安定しない天気に。

24.4 — 23.6

広島 169.5
倉敷 129.3

第2金〜日曜
萬燈会（宮島ローソクまつり）
宮島の大聖院境内一帯に供養物のひとつである燈明を献じ、鎮魂と世界平和を祈念。

秋分の日
筆まつり
有数の筆の産地、熊野で開催される祭り。巨大な筆で書き上げる大作席書は迫力満点。

10月

朝晩の温度差の大きい季節。調節できる服装がおすすめ。

18.3 — 17.5

日に日に気温が下がる。ジャケットやカーディガンの用意を

広島 87.9
倉敷 79.6

上旬
瀬戸内しまなみ海道スリーデーマーチ
しまなみ海道をウォーキング。さまざまなコースが設置され、3日間で縦断するコースも。

レモン 10〜4月

11月

晴れの日が多くなる。気温は下がり、山間部では霜が降り始める。

12.5 — 11.7

広島 68.2
倉敷 50.8

1〜3日
尾道ベッチャー祭
3鬼神の面を付けた氏子と獅子が、神輿とともに街を練り歩き、子どもを叩いたり、突くことで無病息災を願う。

18〜20日
胡子大祭（えべっさん）
広島市で420年続いている、商売繁盛の神・胡子神社の秋の大祭。縁起物の熊手（こまざらえ）を求める人で賑わう。

カキ 11〜2月

12月

冬の到来。気温も大きく下がり、コートやマフラーの着用が必要に。

7.5 — 6.6

広島 41.2
倉敷 30.5

11月中旬〜1月初旬
ひろしまドリミネーション
平和大通りなどの広島市内中心部が、色とりどりの光でライトアップされる。

31日
鎮火祭
厳島神社の御笠浜で行われる火難除けの祭り。威勢の良いかけ声とともに御神火をつけた大松明を担いで若者たちが練り歩く光景は圧巻。

↑マスカット

※日程は変動することがありますので、事前にHPなどでご確認ください。

ニュース＆トピックス

大型複合施設から絶景ビュースポット、グランピング施設まで、最新情報をお届け！
美しく生まれ変わった厳島神社の大鳥居をはじめ、広島の旬スポットへ遊びに行こう♪

大鳥居 の修復が完了し美しく蘇った姿がついにお目見え!!

2022年12月修復完了

2019年6月から修復工事を行っていた厳島神社の大鳥居。今回の修復では柱の修理や塗装の塗り直しなどが行われ、約3年半ぶりにその凛々しい姿を見られるようになった。約16.6mの高さを誇る大鳥居は、木造の鳥居では日本最大級！干潮時には歩いて近くまで行けるので、間近でその大きさを体感してみて。

宮島 **厳島神社 大鳥居** ●P.32
いくしまじんじゃ おおとりい

広島県・宮島 **MAP** 付録 P.6 B-3

フェリーやろかい舟に乗って海上から大鳥居を眺めるのも◎

現在の大鳥居は、平清盛が建てたと伝わる初代から数えて9代目

大型施設 が次々にオープンし、進化する広島中心部から目が離せない!!

原爆ドームや広島城などがある広島市中心部エリア。旧太田川（本川）沿いの緑豊かなこのエリアに2つの大型施設が誕生。広島の新しいシンボルとなる新施設に注目！

広島 **ひろしまゲートパーク**

2023年3月オープン

旧広島市民球場の跡地に誕生した新しい賑わいスポット。広場を中心に商業施設やアクティビティサイトなどが広がり、街中にいることを忘れさせる開放的な空間が魅力。ホームベースやベンチなど球場の名残にも注目したい！

広島県・広島 **MAP** 付録 P.10 B-1,2
☎082-962-3789 ㊟広島県広島市中区基町5-25 ⏰店舗により異なる ㊡無休 ㊤広電・原爆ドーム前電停から徒歩1分 ㋹なし

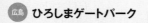

「シミントひろしま」には、ショップやカフェなど18店舗が入る

屋根の高さはなんと約9m！折り鶴がモチーフの「大屋根ひろば」

画像提供:NEW HIROSHIMA GATEPARK

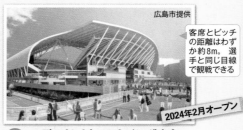

広島市提供

客席とピッチの距離はわずか約8m。選手と同じ目線で観戦できる

2024年2月オープン

広島 **エディオンピースウイング広島**
エディオンピースウイングひろしま

Jリーグチーム・サンフレッチェ広島の新本拠地として2024年に開業予定のサッカースタジアム。座席の種類は42種類もあり、さまざまなニーズに対応可能。広島市の都心部に位置し、隣接する広場には商業施設も新設される。

広島県・広島 **MAP** 付録 P.8 B-1
☎082-512-1025 ㊟広島県広島市中区基町15-2-1 ⏰㊡未定 ㊤アストラムライン県庁前駅から徒歩10分 ㋹あり

尾道・千光寺公園内に誕生した **ビュースポット** で絶景ハント!!

千光寺山にある千光寺公園に2カ所の展望スポットが誕生!
尾道の街並みや尾道水道を一望する絶景を堪能しよう。

2022年3月オープン

ベンチもあるので、景色を見ながらひと休みするのもおすすめ

 尾道 **千光寺頂上展望台 PEAK** → P.96
せんこうじちょうじょうてんぼうだい ピーク

2022年3月オープン

標高約137mの千光寺山の山頂に位置する千光寺公園。そこに新しい展望台がオープンした。長さ約63mの展望デッキからは、尾道水道や日本遺産の街並みを大パノラマで楽しめる。

大きなカーブを描く螺旋階段が特徴的で、まるでアート作品のよう

広島県・尾道
MAP 付録 P.14 C-1

尾道 **千光寺公園視点場 MiTeMi**
せんこうじこうえんしてんば ミテミ

千光寺公園内の一角、元博物館「尾道城」跡地に新しくオープン。旧尾道城跡の石垣部分を利用した展望スポットで、デッキからは尾道駅周辺の街並みや尾道水道を眼下に眺めることができる。

広島県・尾道 **MAP** 付録 P.14 A-3
☎0848-38-9184(尾道市観光課) 所広島県尾道市三軒家町22-29 営24時間 休無休 料入場無料 交JR尾道駅から徒歩15分 Pなし

瀬戸内海の絶景を望む **グランピング施設** が続々オープン!!

手軽にアウトドア体験ができるグランピング。瀬戸内海の穏やかな景色を眺めながら楽しめるニューオープンの施設をご紹介。

尾道 **グランヴィレッジ瀬戸内しまなみ**
グランヴィレッジせとうちしまなみ

2022年4月オープン

瀬戸内海に浮かぶ小島・高根島に誕生したグランピング施設。全室バストイレ付きで快適に過ごせる。

広島県・尾道 **MAP** 付録 P.18 A-3
☎なし 所広島県尾道市瀬戸田町高根1275-11 交西瀬戸自動車道生口島ICから車で15分 P7台 営IN15〜18時／OUT10時 予約1泊素泊まり1万2100円〜

テントは、大型ドームテント3棟とコクーンテント2棟の計5棟

目の前は海!愛犬と泊まれるプライベートドッグラン付きテントも

尾道 **LEMON FARM GLAMPING しまなみ**
レモン ファーム グランピング しまなみ

2022年8月オープン

海を望む高台に立つ、全室オーシャンビューのグランピング施設。5タイプ全8棟のヴィラやドームがある。

広島県・尾道
MAP 付録 P.18 A-4
☎0845-28-1111 所広島県尾道市瀬戸田町荻24985-1 交西瀬戸自動車道生口島北ICから車で15分 P1グループ2台(共有駐車場もあり) 営IN15時／OUT10時 予約1泊素泊まり1万5700円〜

全棟に絶景が楽しめるプライベートガーデンと焚き火台付き

玉野 **SETONITE**
セトニテ

2022年12月オープン

瀬戸内海が目の前に広がるグランピング型リゾート。サウナやプールなども併設し、贅沢なステイが叶う。

岡山県・玉野 **MAP** 付録 P.5 E-2
☎0863-33-1888 所岡山県玉野市田井5-28-30 交宇野駅から車で約10分 P1棟につき1台 営IN15時／OUT10時 予約1泊2食付2万4000円〜

豊かな自然に囲まれ、夏はマリンアクティビティなども楽しめる

プレミアム滞在モデルプラン
宮島・広島・尾道・倉敷
おとなの1日プラン

平和の尊さを発信する原爆ドームと厳粛な空気に包まれた厳島神社。独特の風情を持つ2つの港町めぐりやアイランドホッピング。非日常を感じずにはいられない感動の旅路が待ち受けている。

⬆朱塗りの列柱が続く宮島・厳島神社の廻廊。凛とした雰囲気に包まれている

| 7:30 | 広島市内のホテル |

宿泊しているホテルから、広電（路面電車）やタクシーなどで平和記念公園へ

| 8:00 | 平和記念公園 |

約50分
元安川のたもとにある桟橋から世界遺産航路に乗船して、宮島を目指す。広電（路面電車）で宮島口まで向かい、フェリーに乗り換えてアクセスすることも可能

| 11:30 | 宮島 |

ろかい舟で大鳥居へ行くことも

原爆ドームから宮島へ。聖地をめぐる船旅

平和メッセージを発信する公園から人々を魅了する清らかな島へ。

朝のすがすがしい
平和記念公園 を歩く

原爆ドーム ➡P.64
げんばくドーム

被爆当時の姿を残し、世界に平和を訴え続けている建物。平成8年（1996）に世界遺産に登録されている。

広島平和記念資料館
ひろしまへいわきねんしりょうかん
➡P.65

原爆に関する資料や被爆者の遺品などを展示。同じ悲しみを繰り返さないよう、原爆の悲惨さを今に伝える。

宮島 に到着したら、鹿がお出迎え

大鳥居 ➡P.32
おおとりい

厳島神社のシンボルとして知られる。満潮時には海に浮かぶように見える。

豊国神社（千畳閣）➡P.36
ほうこくじんじゃ（せんじょうかく）

豊臣秀吉と加藤清正を祀る。造営を命じた秀吉の死により、未完成の状態で残る。

プランニングのアドバイス

表参道商店街にはみやげ物店や食事処が集まり、名物のカキ料理、穴子料理もここでいただける。食べ歩きにぴったりなスナック類もある。ただし夕方には閉店してしまう店がほとんどなので注意したい。夕食は広島市内に戻ってからでもいい。

11:30	宮島

約1時間30分
厳島神社から宮島ロープ
ウエー紅葉谷駅まで徒歩
約15分、ロープウェイに
乗車し、獅子岩駅まで約
30分。
獅子岩駅から弥山山頂ま
で徒歩で約1時間

13:00	弥山

約1時間30分
獅子岩駅から往路と同じ
ルートで厳島神社に戻る

15:30	厳島神社

約2時間
厳島神社を参拝したら、
表参道商店街に立ち寄っ
ておみやげ探しを。帰路
はフェリー（乗船約10分）
で宮島口を経由し、広電
（路面電車）で広島市内に
戻る

20:00	広島市内のホテル

プランニングのアドバイス

厳島神社の参拝は、海の干満時
間に合わせて、適宜アレンジし
よう。潮が満ちている間は、厳
島神社境内を参拝するのがお
すすめだ。潮が引いている間に、
大鳥居まで歩いたり、弥山まで
足をのばすなどしておきたい。
弥山は所要1時間ほどのハイキ
ングとなる。疲れているときは
無理せずに、ほかの見どころを
巡るプランも検討したい。

弥山 に向けて 歩を進める

弥山本堂 ➡P.35
みせんほんどう

御堂は弘法大師修行の地に
建立されている。平清盛、福
島正則など戦国武将からも
信仰を集めていた。

弥山展望台 ➡P.34
みせんてんぼうだい

弥山の頂上にある展望台。360度
の大パノラマが広がり、瀬戸内海
の多島美を一望できる。

宮島のシンボル 厳島神社 を参拝

厳島神社 ➡P.26
いつくしまじんじゃ

推古天皇元年（593）、佐伯鞍職によって
創建されたと伝わる。優雅で厳かな
寝殿造りの社殿は平清盛が造営した
当時の姿を今に残している。背後に広
がる弥山と社殿、青い海が織りなす景
観は息をのむ美しさ。

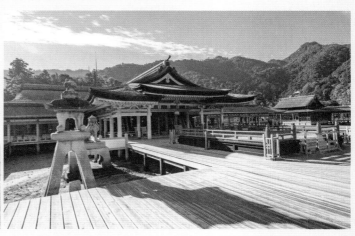

穏やかな尾道水道に思いを重ねる1日

映画人も愛した港町を歩けば、懐かしい風景に心が温まる。

スケジュール

9:30 尾道駅

↓ 約30分
尾道駅から千光寺山ロープウェイの山麓駅まで徒歩15分。山頂駅まではロープウェイで約3分

10:00 千光寺

↓ 千光寺新道を下って、尾道本通りへ

14:00 尾道本通り・海岸通り

↓ 尾道本通り〜海岸通りにかけて、自由に散策したい。対岸に向かう渡船に乗って、対岸から街並みを眺めるのもおすすめ

17:00 尾道駅

プランニングのアドバイス

食事は、瀬戸内海で獲れた魚介が楽しめる店、名物の尾道ラーメンや尾道焼きの店などが、本通り周辺に集まっている。かわいい雰囲気のカフェなども多いので、ぜひ立ち寄ってみたい。

千光寺 とその周辺を散策する

千光寺 ➡ P.97
せんこうじ

千光寺山中腹に鎮座する名刹。断崖絶壁に建つ鐘楼も有名だ。

天寧寺海雲塔 ➡ P.98
てんねいじかいうんとう

和様に禅宗様式を取り入れて建立された高さ25mの三重塔。

尾道本通り・海岸通り 周辺を歩く

尾道本通り ➡ P.108
おのみちほんどおり

JR尾道駅から延びるレトロな雰囲気のアーケード商店街。昔ながらの建物を利用した店や施設が立ち並ぶ。

人気のパン屋さんでおやつ

海岸通り
かいがんどおり

尾道水道沿いにボードウォークが整備されており、散策にうってつけ。美しい海や渡船の往来を眺めながらゆっくり過ごしたい。

向島 ➡ P.110
むかいしま

しまなみ海道の出発点でもある島。渡船で5分程度で着く。対岸から見る尾道の風景も味わい深い。

| 9:45 | 倉敷駅 |

徒歩約15分
目抜き通りの倉敷中央通
りを南に向かって歩く

| 10:00 | 美観地区 |

美観地区を気ままに散策
徒歩約3分

| 11:30 | 大原美術館 |

徒歩約3分

| 14:00 | 美観地区 |

美観地区を気ままに散策
徒歩約15分

| 18:00 | 倉敷駅 |

プランニングのアドバイス

本通り沿いを中心に、和食、イタリアン＆フレンチなどさまざまなジャンルのお店が軒を連ねている。町家を改装した、情緒ある雰囲気に包まれて、ゆっくりと楽しみたい。

江戸の面影を残す白壁の街、倉敷を散策

柳が揺れる川沿い、町家が並ぶ細い路地。倉敷の美観地区を満喫する。

美観地区の 名建築 を巡る

大橋家住宅 ➡P.130
おおはしけじゅうたく

江戸時代に栄えた豪商の邸宅。倉敷町家の典型的な造りをした建物で当時の暮らしがうかがえる。

日本初の西洋美術館 大原美術館 で名画にふれる

大原美術館 ➡P.136
おおはらびじゅつかん

昭和5年（1930）に設立した日本初の西洋美術中心の私立美術館。エル・グレコやモネなど西洋絵画を中心に約3000件を所蔵。

美観地区の 資料館 や ギャラリー で倉敷を知る

語らい座 大原本邸 ➡P.133
かたらいざ おおはらほんてい

国指定重要文化財の倉敷を代表する町家。倉敷の歴史を紡いできた大原家の暮らしの様子がうかがえる。

倉敷アイビースクエア ➡P.134
くらしきアイビースクエア

明治22年（1889）建設の紡績工場を利用した複合文化施設。

9:00	西瀬戸尾道 IC

約20分
瀬戸内しまなみ海道（西
瀬戸自動車道）で約18km

| 9:30 | 生口島 |

約5分
瀬戸内しまなみ海道（西
瀬戸自動車道）で約4km

| 12:00 | 大三島 |

約25分
瀬戸内しまなみ海道（西
瀬戸自動車道）で約20km

| 16:00 | 大島 |

約50分
瀬戸内しまなみ海道（西
瀬戸自動車道）で約40km

| 19:00 | 西瀬戸尾道 IC |

プランニングのアドバイス

食事は、大三島や大島にある道
の駅でとるのが手軽。新鮮な魚
介や名産のレモンなどを使った
料理が楽しめる。ほかにも各島
で地元の人気食堂やおしゃれな
カフェなども見つかるので、事
前にチェックしておきたい。

潮風薫るしまなみ海道ドライブ

明るい陽光に包まれた瀬戸内の島々で、アートや絶景に会いに車を走らせる。

レモンの里 生口島 で アートを楽しむ

耕三寺博物館（耕三寺） ➡P.112
こうさんじはくぶつかん（こうさんじ）

登録有形文化財に指定されている15棟の堂
塔と、博物館に展示されている仏教美術や
近代美術の貴重なコレクションが見どころ。

平山郁夫美術館 ➡P.113
ひらやまいくおびじゅつかん

生口島出身の日本画家・平
山郁夫の作品を幅広く展示
しており、ルーツを探ること
ができる。

柑橘類を使ったスイーツ
はしまなみ海道名物

海道最大の神の島 大三島 で 美景を満喫

大山祇神社 ➡P.113
おおやまづみじんじゃ

海の守護神でもある大山積
大神を祀る古社。旅の安全
をお祈りしよう。

道の駅 ➡P.117
多々羅しまなみ公園
みちのえき たたらしまなみこうえん

展望台は、生口島と多々良
島を結ぶ多々羅大橋を正面
に望むビュースポット。

亀老山展望公園 ➡P.113
きろうさんてんぼうこうえん

しまなみ海道南端の来島海峡
大橋が一望できる。美しく輝く
瀬戸内海を旅の思い出に。

大島 から夕焼けの 瀬戸内海を見る

能島水軍 ➡P.113
のしますいぐん

周辺は瀬戸内海の難所として知られる
地域で、船に乗ってその潮流を体験す
ることができる。

宮島

❖

幻想的な朱塗りの社殿に迎えられ、
瀬戸内海に浮かぶ美しい島へ降り立つ。
弥山や厳島神社などが建つ神聖な地は、
古くから島全体が信仰の対象であった。
多くの感動にあふれている地は、
国内外を問わず多くの人々が
訪れている。

聖なる山と
海上に建つ
社が待つ
神の島

エリアと観光のポイント ❖

宮島はこんなところです

島のシンボル厳島神社、その奥にそびえる弥山。
宮島の名物が並ぶ表参道など魅力は尽きない。

宮島には鹿が多く生息していることでも有名

神秘的な神代の世界

厳島神社周辺 ➡P.26
いつくしまじんじゃ

世界遺産にも登録されている、平清盛
によって造営された宮島を代表する古社。
周辺には豊国神社(千畳閣)や五重塔、
宮島水族館みやじマリンなど、数多くの
見どころがある。

観光のポイント 潮の干満によって見え方の異なる厳島神社を楽しむ

🔶海に浮かぶように立つ大鳥居

宮島名物が揃う商店街

表参道周辺 ➡P.48
おもてさんどう

表参道商店街にはカキや穴子をはじめ、
杓子やもみじ饅頭など宮島の特産品を
扱う食事処やみやげ物店が並ぶ。商店
街東側の町家通りに入れば、どこか懐
かしい情緒ある街並みが広がる。

観光のポイント 夕方には閉まる店が多いので、余裕をもって巡りたい

🔶みやげ物店が軒を連ねる
表参道

🔶五重塔と町家通り

神体山として信仰される

弥山周辺 ➡P.34
みせん

弘法大師・空海が開いたとされる霊山。世
界遺産に登録された原始林が広がる山中
に弥山本堂や霊火堂など弘法大師ゆかり
のスポットが点在。山頂からは瀬戸内海と
浮かぶ島々を一望できる。

観光のポイント ロープウェイを利用し、原始林や瀬戸内海を眺めて中腹へ

🔶弥山の山頂には絶景が広がる

宮島への玄関口

宮島口周辺
みやじまぐち

各地から鉄道を利用して宮島に向かう際
はJRもしくは広電宮島口駅で下車、宮
島口旅客ターミナルから対岸へフェリーで
渡る。周辺には、穴子の名店やみやげ物
店もあり、船を待つ間に街巡りも楽しめる。

観光のポイント 名店で穴子飯弁当を買い、フェリーで食べるのもいい

🔶「あなごめし うえの」をはじめ名物がずらり

広島駅 広島駅 広島駅 広島
新岩国駅 山陽新幹線 山陽本線 広島電鉄 ひろしま世界遺産航路
宮島口駅 広電宮島口駅 宮島口旅客ターミナル
岩国駅 宮島桟橋
宮島口周辺 右図 厳島神社
紅葉谷 ロープウェイ
弥山周辺 榧谷
弥山 獅子岩

宮島(厳島)

大野瀬戸

清盛神社
旅彩のお宿 水羽荘
宮島水族館 みやじマリン 経塚 清盛塚
宮島歴史民俗資料
国民宿舎 みやじまの宿
大元神社 旅館聚景荘

↑厳島神社の多宝塔から大鳥居を望む

- ⛴宮島口桟橋　🔼広島
- 厳島港
- 長浜
- ㊸
- ⛩長浜神社
- 宮島桟橋 ⚓
- ⛴宮島フェリーターミナル
- Ｈ錦水別荘
- ℹ宮島観光協会
- ⑰
- 今伊勢神社
- 宮尾城跡・　卍存光寺　卍真光寺
- みや離宮
- 厳島いろは Ｈ
- Ｈ宮島ホテルまこと
- **表参道周辺**
- 表参道商店街
- 卍宝寿院
- 錦水館 Ｈ
- Ｈリブマックスリゾート安芸宮島
- 町家通り
- ⛩北之神社
- ろかい舟（宮島遊覧観光）
- ★御笠浜
- ★豊国神社（千畳閣）
- ⛩厳島神社五重塔
- ♨大鳥居
- 荒胡子神社 卍光明院
- 厳島神社 ⛩
- ⛩三翁神社
- **厳島神社周辺**
- 神手洗川
- 社務所・宝物収蔵庫・
- Ｈ宮島グランドホテル有もと
- ♨大願寺
- ⛩金比羅神社
- Ｈみやじまの宿 岩惣
- 厳島神社宝物館
- 多宝塔
- 白糸川
- 紅葉谷公園 ★
- 紅葉谷川
- ⛩四宮神社
- 卍大本山大聖院
- 宮島ロープウエー 紅葉谷駅

（ 交通information ）

周辺エリアから宮島へのアクセス

電車

JR岩国駅

↓山陽本線で23分

JR宮島口駅 ※1 ／ 広電・宮島口駅 ※1

↑山陽本線で30分 ／ ↓広電(路面電車)で1時間10分

JR広島駅 ／ 広電・広島駅電停

船・フェリー

宮島口旅客ターミナル

↓JR西日本宮島フェリーまたは宮島松大汽船で10分

宮島桟橋

↑ひろしま世界遺産航路で45分※2

広島市・もとやす桟橋(平和記念公園付近)

車

岩国市街(錦帯橋)

↓山陽自動車道、広島岩国道路、国道2号経由28 km

宮島口 ※1

↑国道2号、西広島バイパス経由20km

広島市街

※1　宮島口から宮島まではフェリーを利用
JR宮島口駅から宮島口桟橋までは徒歩6分、
広電・宮島口駅から宮島口旅客ターミナル
までは徒歩1分
※2　平和記念公園(原爆ドーム)と宮島を結
んでいる高速船

問い合わせ先

観光案内
宮島観光協会　　　☎0829-44-2011

交通案内
ひろでんコールセンター
(広島電鉄)　　　☎0570-550700
JR西日本お客様センター
　　　　　　　　☎0570-00-2486
JR西日本宮島フェリー
　　　　　　　　☎0829-56-2045
宮島松大汽船　　　☎0829-44-2171
アクアネット広島
(ひろしま世界遺産航路)
　　　　　　　　☎082-240-5955

→ 潮が満ちると、社殿は海上に浮かぶかのような景観をつくりだす

優美で神秘的な神社に心が震える

嚴島神社

いつくしまじんじゃ

竜宮城を再現したような夢世界
清盛の美意識を今に伝える社殿群

　古代から神が宿る島として崇拝されていた宮島。この地に社殿が創建されたのは推古天皇元年(593)とされる。その後 平 清盛の篤い崇敬を受け、仁安3年(1168)頃、壮大な海上社殿の数々が造営された。社殿の多くは平安時代の貴族の住宅様式である寝殿造りで建てられ、雅な趣を今に伝える。

　貴重な建造物群は、6棟が国宝、11棟3基が国の重要文化財に指定されている。平成8年(1996)には、自然と融合した壮麗かつ神聖な景観が評価され、ユネスコ世界文化遺産に登録された。潮の満ち引きによって刻々と変わる美しい光景はもちろん、原生林が茂る宮島の主峰・弥山や紅葉谷公園など、周辺の自然美もあわせて楽しみたい。

MAP 付録P.6 B-3

☎0829-44-2020 所広島県廿日市市宮島町1-1　開6:30～18:00(季節により変更あり)
休無休 料300円 交宮島桟橋から徒歩15分
Pなし

→ 御本社には三女神が祀られている

嚴島神社
参拝のポイント

干満時間をチェック!

干潮時には大鳥居まで歩いて行くことができ、満潮時には海に浮かんでいるように見えるなど、潮の満ち引きで景観が大きく異なる嚴島神社。干潮と満潮の時刻は宮島観光協会のHPで確認することができるので、事前に調べて計画を立てるとよい。

ライトアップは必見!

嚴島神社を中心に、五重塔などで、ほぼ毎日日没～23時頃までライトアップされる。

厳島神社

厳島神社の主な行事

1月1日　御衣献上式（ごしんいけんじょうしき）
御衣を御本社と客神社の御祭神に献上する神事。

1月2日　御松囃子（おまつばやし）
豊作や無病息災などを願い、謡曲・仕舞を奉納する。

4月15日　桃花祭（とうかさい）
祭典後舞楽が奉奏され、桃の花を御祭神に供えられる。

4月16～18日　桃花祭御神能（とうかさいごしんのう）
喜多流や観世流の能と大蔵流の狂言が奉納される。

7～8月（旧暦6月17日）　管絃祭（かんげんさい）
日本三大船神事とされている厳島神社最大の神事。

7～8月（旧暦7月14日）　玉取祭（たまとりさい）
宝珠をめぐり、若者が海中で争奪戦を繰り広げる。

10月15日　菊花祭（きっかさい）
菊の花を御祭神に供えられる。祭典後、舞楽が奉奏される。

12月31日　鎮火祭（ちんかさい）
火難除けの神事。厳島神社の御笠浜で行われる。

※管絃祭と玉取祭は、毎年日程が変更になります。
※行事詳細は厳島神社公式HPなどでご確認ください。

〔 お役立ちinformation 〕

観光情報
宮島の観光スポットや行事、島の歴史など、多くの観光情報をHPなどで案内している。
●宮島観光協会
☎0829-44-2011
www.miyajima.or.jp
●廿日市市 環境産業部 観光課 観光振興係
☎0829-30-9141
www.city.hatsukaichi.hiroshima.jp/site/kanko/

公認ガイドによる観光案内
厳島神社を中心に宮島の見どころを公認ガイドが案内する。土・日曜、祝日に開催。「世界遺産コース（10：00～）」「清盛コース（10：30～）」の2コースがあり、所要は各コースともに約1時間30分。料金は1人500円（別途厳島神社昇殿料300円が必要）。申込は当日、宮島桟橋内の観光案内所で行う。
☎0829-44-2011（宮島観光協会）

2

見どころもご利益もしっかりチェック!!

嚴島神社を参拝する

三女神を祀る御本社を中心に、
シンボルの大鳥居をはじめ
数多くの貴重な文化財が残る
荘厳な空間が広がっている。

1 大鳥居 重文
おおとりい
海に建つ宮島の象徴

楠の自然木を使った島のシンボル。高さ約16m、重さ約60ｔ。現在の大鳥居は明治8年(1875)に再建された9代目。2022年12月に修復が完了。

↑春日大社、氣比神宮と並ぶ、日本三大鳥居のひとつ

2 入口
いりぐち
手と口を清めて御本社へ

御本社に向かって長い廻廊が続く、神社参拝の入口。まずは手水所で心身を清めてから中に進む。

↑屋根は流麗な切妻造りの様式
←最初に左手を、次に右手、口を順に清めて

3 客神社 国宝
まろうどじんじゃ
祭典が始まる重要な摂社

天照大御神の珠から生成した、五柱の男神を祀る。建物は国宝指定。こちらで二拝二拍手一拝でお参りを。

↑五柱の男神は、嚴島神社の主祭神である三女神と同じ時に生まれた対になる存在

清盛時代の遺構を見る

康頼灯籠 やすよりとうろう

平家謀反の企てで島流しにされた平康頼。海に流した卒塔婆が宮島に漂着し、清盛がこれを知り康頼を赦免。康頼は礼として石灯籠を奉納した。

4 東廻廊 国宝
ひがしかいろう
朱色の列柱が神秘的

社殿をつなぐ廻廊が、美しい景観を演出する。平安時代、東西の廻廊は現在より長いものだったという。

注目ポイント

建物を守る床板の工夫

床板は1間に8枚敷かれている。板の間の隙間は、高潮の際に海水を通して波の力を減免させ、建物の倒壊を防ぐ役割を果たす。

① 大鳥居 P.28

↑上空から見た厳島神社

宮島桟橋、
表参道商店街 ㋐

御笠浜

干潮時にはここから浜に下り、
大鳥居まで歩いていける

豊国神社(千畳閣)

宮島桟橋、
表参道商店街 ㋐

・厳島神社 五重塔

・文庫

荒胡子神社

入口 ② P.28
・手水

③ 客神社 P.28

☆鏡の池 P.31

三翁神社

Ⓝ
清盛神社

西松原

クロマツの枝越しに、
大鳥居や社殿を撮影

右門客房
右楽房

P.28
東廻廊
④

P.30 **火焼前 ⑦**

・平舞台

左門客神社

左楽房

⑥
高舞台 P.30

右門客神社

内侍橋

☆康頼灯籠 P.28
☆鏡の池 P.31

⑤ 御本社 P.29

揚水橋

内侍橋

社務所

P.31 **能舞台**
⑪

P.30
大国神社
⑧

不明門

宝物収蔵庫

能楽屋

P.31 **西廻廊 ⑩**

御手洗川

卍大願寺

☆長橋 P.31

⑨ 天神社

P.30

N

P.31 反橋 ⑫

☆鏡の池 P.31

筋違門

0   30m

P.31 出口 ⑬

Ⓛ宝物館

紅葉谷公園 Ⓝ

敷砂道

P.30に続く ➡

↑廻廊の釣灯籠は、毛利氏が寄進
したのが始まりともいわれる

↑社殿と大鳥居、青い海が織りなす
景観は、写真撮影にも最適

5 御本社 国宝
ごほんしゃ
廻廊の要に位置し、主祭神を祀る

祓殿、拝殿、幣殿、本殿が連なる神社
の中心。海・交通運輸・財福・技芸の神
として信仰される、三女神を祀ってい
る。二拝二拍手一拝でお参りを。

↻現在の本殿は、
毛利元就と毛利輝
元が建て替えた

2

6 高舞台 [国宝]

赤い高欄を巡らせた舞台

平舞台（国宝）の中央を一段高くして設けられており、年に数回舞楽が奉納される。現在の高舞台は天文15年（1546）修造のもの。

⤒平舞台は広さ約200坪

⤒高舞台。海と大鳥居を背に、舞楽が舞われる

8 大国神社 [重文]

だいこくじんじゃ

御祭神は縁結びの神

国造り・農業・商業・医療・縁結びの神、大国主命を祀る。大国神社の前は、御本社が見られる絶好のポイント。

⤒出雲大社と同じ大国主命が御祭神

7 火焼前 [国宝]

ひたさき

大鳥居を真正面に望む

大鳥居に向かって桟橋状に延びる平舞台の先端で、床下を支える赤間石を使った石柱は毛利元就の寄進といわれる。先端は、かつて海上参拝者のために明かりを灯した場所。

注目ポイント
火焼前に並ぶ4つの小さな建物 [国宝]

火焼前の両側にある柿葺きの建物は、境内を守護する左右の門客神社。その隣に雅楽を奏でる左右の楽房がある。いずれも国宝。

⤒ここから大鳥居まで88間（約160m）

9 天神社 [重文]

てんじんしゃ

菅原道真公を祀る

弘治2年（1556）、毛利隆元により寄進された。室町時代の建物のため朱塗りはされていない。古くは連歌堂といわれ、俳句の起源でもある連歌の会がここで催されていた。

⤒⤒ 室町後期の建物（左）、願いを書いた絵馬はここへ（上）

⬆歩くたびに景色が変化する

鏡の池
かがみのいけ

社殿東廻廊や客神社横などの海中にある。潮が引くと現れる丸い池で、厳島八景のひとつに選定されている。

10 西廻廊 [国宝]
にしかいろう

朱塗りの柱が美しい

東廻廊と対をなす廻廊。折れては連なる廻廊の柱間からは、変化に富んだ景観が楽しめる。

⬆1間ごとに釣灯籠が下げられている

12 反橋 [重文]
そりばし

急な勾配が目を引く朱の橋

別名を勅使橋といい、天皇からの勅使だけが渡ることのできる橋だった。現在の橋は弘治3年(1557)、毛利元就・隆元が再建したもの。

⬆中央に臨時の階段をつけて渡ったという

⬆天神社と同様、朱塗りはされていない

11 能舞台 [重文]
のうぶたい

16世紀から能を奉納

国内で唯一、海中に建てられた能舞台。毛利元就が永禄11年(1568)、仮の舞台を設けて能を納めたのが始まり。現存の建物は延宝8年(1680)に広島藩主、浅野綱長が寄進。

13 出口
でぐち

立派な屋根の造りに注目

西廻廊の出口は風格のある唐破風造りで、かつてはこちらが入口だったといわれている。

⬆長さ24m、幅は4m。2014年に修復を終えた

長橋 ながばし
御供所から神饌が運ばれた橋。平舞台と同じく、束石には毛利氏が奉納した赤間石が使用されている。

⬆船着き場に近い西側が入口の時代も

社殿の沖に立つ、高さ16mの鳥居

大鳥居の美しさに息をのむ

美しいばかりでなく、嵐に遭っても倒壊しない先人の知恵と、
宗教的意味合いが込められた歴史の重みが詰められている。

約4tの石で加重
笠木と島木
笠木と島木は箱状になっている。石や砂が約4t詰められており、約60tもある大鳥居の重しとなっている。

2本の主柱
樹齢500年以上の楠の自然木を使用。楠は比重が重いうえ、腐りにくく虫害に強いという利点を持つ。台風や荒波で倒れないよう、基礎には松杭が打ち込まれている。

太陽と月
鳥居の屋根の両側には、太陽が昇る東側には太陽が、太陽が沈む西側には月が描かれている。

4つの袖柱
鳥居は埋め込まれているのではなく、地面に置かれ自重で立っているだけ。杉の天然木を使用した4本の袖柱が主柱を支えている。

大鳥居の土台は?
何本もの松材の杭が海底に打ち込まれ、基礎を強化している。大鳥居はその上に置かれているだけ。さまざまな工夫を施した、先人の知恵の賜物といえる。

大鳥居の間を通過する。ちょうど鳥居の向こうに社殿が見える

大鳥居越しに銀朱の社殿へ
ろかい舟に乗って参拝

満潮前後の日には、舟で鳥居をくぐる伝統的な参拝が体験できる。波の音を聞きながら海上をゆっくり進んでいく遊覧舟は格別。

遊覧船で大鳥居に超接近!
ろかい舟(宮島遊覧観光)
ろかいぶね(みやじまゆうらんかんこう)
厳島神社周辺 **MAP** 付録P.6 B-2

船具である櫓と櫂を使って人力でこぎ進める定員20名の小さな遊覧舟。船頭さんが軽快なトークで宮島や厳島神社の歴史や見どころを紹介。予約なしの手軽感も魅力。所要時間は20分ほど。

☎0829-78-1419(宮島遊覧観光)
所乗船場は御笠浜　時10:00〜16:00の満潮前後
休荒天時など
料1000円　宮島桟橋から御笠浜まで徒歩12分
Pなし

御笠浜から乗船する

御笠浜を出発して約5分で大鳥居へ。エンジンを使わず、ゆっくり進むので気分がいい

大鳥居の真下を通過。迫力ある風景に思わず歓声が上がる

神霊なる山、広がる大自然に感動

弥山を歩く
みせん

紅葉谷駅から宮島ロープウエーで獅子岩駅まで約15分。
そこから往復1時間ほどの山歩きを楽しむ。
展望台に立ち、目にした瀬戸内の美しさは忘れられない。

MAP 付録P.2 B-3

嚴島神社とともに
世界遺産に登録された山

嚴島神社の背後にそびえる弥山は、古代から神の山として崇拝されていた。手つかずの原始林が残る山には、弘法大師ゆかりの不思議スポットも点在する。遠く四国まで見渡す山頂を目指し、神秘の山をのんびりと散策してみたい。

瀬戸内海の島々を一望
1 獅子岩展望台
ししいわてんぼうだい

標高433m、ロープウエーの獅子岩駅を降りてすぐの展望台がハイキングの出発点。瀬戸内海に浮かぶ大小の島々が見渡せる。

料見学自由

奇岩のパワーを実感
4 くぐり岩
くぐりいわ

山頂付近には奇岩巨石が重なり合っている。山頂の手前にも巨大な岩のトンネル「くぐり岩」があり、驚きの大きさが体感できる。

料見学自由

ハイキングのハイライト
5 弥山展望台
みせんてんぼうだい

神が降り立ったともいわれる巨石がある。山頂は360度の大パノラマが広がり、天気が良ければ瀬戸内海のみならず遠く四国の山並みも観望できる。

時10:00〜16:00　休無休　料無料

弘法大師ゆかりの古刹

2 弥山本堂
みせんほんどう

大同元年（806）に弘法大師が開基したと伝えられる。虚空蔵菩薩を祀り、平宗盛が寄進した大梵鐘も安置されている。

🕐8:00～17:00 　休無休 　料無料

1200年の時を超えて燃える炎

3 霊火堂
れいかどう

弘法大師が弥山を開基した際に焚いた護摩の余燼が「消えずの霊火」として守り継がれ、広島平和公園の平和の灯のもと火にもなっている。

🕐8:00～17:00 　休無休 　料無料

所要◆約1時間～
ハイキングルート

　獅子岩駅
　↓
1 獅子岩展望台
　↓
2 弥山本堂
　↓
3 霊火堂
　↓
4 くぐり岩
　↓
5 弥山展望台
　↓
　獅子岩駅

お役立ちinformation

宮島ロープウエー

紅葉谷駅から榧谷駅へは1分間隔で、榧谷駅から獅子岩駅へは15分間隔でロープウエーが運行。所要30分（乗り換え時間を含む）

☎0829-44-0316
🕐9:00～16:00 　休荒天時、年2回定期点検日あり 　料往復2000円、片道1100円 　交厳島神社から紅葉谷駅まで徒歩15分※紅葉谷公園入口から紅葉谷駅まで無料送迎バスも利用できる。

弥山展望台 5
舟岩
干満岩
弥山
毘沙門堂跡
4 くぐり岩
文殊堂
疥癬岩 卍
大日堂 卍
観音堂 卍
鯨岩
三鬼堂 卍
霊火堂 3
求聞持堂 卍
2 弥山本堂

紅葉谷駅
ロープウエー線
獅子岩駅
START & GOAL
獅子岩展望台 1

聖なる島で感じる
文化と自然

嚴島神社と関わりのある史跡をはじめ、
宮島をより知ることができる体験スポットなどがある。

↑豊国神社本殿の横に建つ、高さ27.6mの塔

嚴島神社宝物館
いつくしまじんじゃほうもつかん
嚴島神社周辺 **MAP** 付録P.6 B-3

貴重な工芸品を展示

平家納経（複製）をはじめと
して、嚴島神社が収蔵する
美術工芸品の一部を展示。
建物は国の登録有形文化財
になっている。

☎0829-44-2020(嚴島神社) 所広島県廿日市市宮島町1-1
開8:00～17:00 休無休 料300円
交宮島桟橋から徒歩18分 Pなし

↑鉄筋コンクリートに漆が塗られた珍しい建物

嚴島神社 五重塔
いつくしまじんじゃ ごじゅうのとう
嚴島神社周辺 **MAP** 付録P.7 E-3

朱塗りの優美な姿が印象的

応永14年(1407)建立。唐様と和様が調和し
た建築で、内部は見学できないが極彩色で多
様な文様が描かれている。

☎0829-44-2020(嚴島神社) 所広島県廿日市市宮島町
開休料外観見学自由 交宮島桟橋から徒歩15分 Pなし

大願寺
だいがんじ
嚴島神社周辺 **MAP** 付録P.6 B-3

日本三弁財天のひとつを祀る

建仁年間(1201～03)再興と伝わる。
弘法大師の作とされる嚴島弁財天
のほか、宮島に伝わる最古の仏像、
薬師如来像や行基作の釈迦如来坐
像も所蔵。

☎0829-44-0179 所広島県廿日市市宮島町3
開休料境内拝観自由(入堂は不可)
交宮島桟橋から徒歩18分 Pなし

↑神仏習合の時代は神社の造営を担った

豊国神社
（千畳閣）
ほうこくじんじゃ(せんじょうかく)
嚴島神社周辺 **MAP** 付録P.7 E-3

畳857枚分の広さを誇る経堂

天正15年(1587)に豊臣秀吉が建立
を命じたが秀吉の急死により工事は
中断し、未完成のまま。その広さか
ら千畳閣とも呼ばれる。

☎0829-44-2020(嚴島神社)
所広島県廿日市市宮島町1-1
開8:30～16:30 休無休 料100円
交宮島桟橋から徒歩15分 Pなし

↑明治時代に秀吉を祀る神社になった

大本山大聖院
だいほんざんだいしょういん
嚴島神社周辺 **MAP** 付録P.6 B-4

宮島最古の寺院

真言宗御室派の大本山。大同元年
(806)に弘法大師が開創したと伝わ
る。毎年4月と11月に真言密教の儀
式、火渡り神事が行われる。

☎0829-44-0111 所広島県廿日市市宮島町
210 開8:00～17:00 休無休 料無料
交宮島桟橋から徒歩20分 Pあり

↑弥山の麓に建つ。
皇室との関係も深
い寺

清盛神社
きよもりじんじゃ
厳島神社周辺 **MAP** 付録P.6A-3

清盛の霊を慰めるお社

厳島神社を造営した 平 清盛を讃える
神社。昭和29年(1954)、清盛没後
770年を記念して建立された。
☎0829-44-2020(厳島神社) 所広島県廿日市
市宮島町 開休料境内自由 交宮島桟橋から
徒歩25分 Pなし

↑大鳥居の近くの西松原に立地

紅葉谷公園
もみじだにこうえん
厳島神社周辺
MAP 付録P.6C-3

山裾の紅葉名所

弥山の麓にある公園。秋
には数百本のカエデやオ
オモミジが赤、黄色に色
づく。春から初夏の新緑
も美しい。
☎0829-44-2011(宮島観光協会)
所広島県廿日市市宮島町
紅葉谷公園 開休料入園自由
交宮島桟橋から徒歩15分
Pなし

↑弥山山麓の紅葉谷川に沿って広がる公園で、四季折々の自然美が見られる

↑工芸品の販売もあり
↑宮島彫り体験は1900円、もみじ饅
頭手焼きは770円、杓子作りは500円

宮島伝統産業会館 みやじまん工房
みやじまでんとうさんぎょうかいかん みやじまんこうぼう
表参道周辺 **MAP** 付録P.6C-1

旅の思い出を楽しく手作り

伝統工芸士の指導による宮島彫りや、もみじ饅
頭手焼き、杓子作りが体験できる。所要時間は
各約45分。詳細はwww.miyajimazaiku.com。
☎0829-44-1758 所広島県廿日市市宮島町1165-9
開9:00〜17:00 休月曜(祝日の場合は翌日) 料無料、体
験は有料(要予約) 交宮島桟橋から徒歩1分 Pなし

宮島歴史民俗資料館
みやじまれきしみんぞくしりょうかん
厳島神社周辺 **MAP** 付録P.6B-3

☎0829-44-2019
所広島県廿日市市宮
島町57 開9:00〜
16:30 休月曜(祝
日、振替休日の場合
は翌日) 料300円
交宮島桟橋から徒歩
18分 Pなし

宮島の資料がずらり

建物は江戸時代から明治初
期に醤油を醸造して
いた旧江上家の主屋
で、国の登録有形文
化財。宮島の歴史や
文化などに関する資
料を展示している。

↑豪商の主屋を展示施設に利用

宮島の癒やされスポットへ

宮島水族館 みやじマリン
みやじますいぞくかん みやじマリン
厳島神社周辺 **MAP** 付録P.6A-3

参加・体験型のふれあい水族館

「いやし」と「ふれあい」をテーマにした水族
館。約380種1万5000点以上の水の生き物を
身近に見学できる。スナメリやカキの水槽ほ
か、瀬戸内海ならではの生き
物も多数。
☎0829-44-2010
所広島県廿日市市宮島町10-3
開9:00〜17:00(入館は〜
16:00) 休臨時休館日あり
料1420円
交宮島桟橋から徒歩25分 Pなし

海のめぐみ
広島の名産、カ
キのいかだを再
現。カタクチイ
ワシなどの魚も
一緒に展示

ペンギンプール
翼を広げて泳ぐペ
ンギンの姿を真下
から見られる

瀬戸内のくじら
瀬戸内のクジラともいわれる好奇心
旺盛なスナメリがお出迎え

ライブプール
屋外のプールで
はアシカのライ
ブが楽しめる。
フロントの席は、
迫力も満点

壮麗な厳島神社を中心に繰り広げられるロマン

瀬戸内海を見守る宮島の歩み

古来より、時の権力者をはじめ、人々からの信仰を集めていた聖なる島、宮島。
戦の時代を経て、現代では日本を代表する観光地として、世界にその名を轟かせている。

紀元前〜6世紀
山を崇める自然信仰が始まり

宮島信仰と厳島神社

**人々の信仰を集めていた聖なる島に
6世紀末、三女神を祀る神社が創建された**

　宮島の歴史は、島ができたおよそ6000年前に遡る。氷河融解によって生まれた小さな島には、海岸から急峻な山がそそり立ち、生い茂る原始林や巨岩奇石が荘厳な姿を見せる。この霊威に満ちた山容から、人々は宮島を聖地として崇めるようになった。

　社伝によると、この地に厳島神社が創建されたのは推古天皇元年(593)とされる。安芸国の豪族で、のちに神主家を世襲し権力を強めた佐伯氏の祖・佐伯鞍職が、三女神(市杵島姫命、湍津姫命、田心姫命)から神託を受けて社を設けたという。また、神の島を傷つけないよう、鞍職は陸地でなく浜を選んだとも伝わる。九州と畿内を結ぶ海上交通の要衝であった厳島。三女神は航海安全の女神で、佐伯氏以降も歴代の有力者たちに崇拝されていく。

　島名の厳島は「神を斎き祀る島」に由来するが、お宮が鎮座することから、現在は宮島のほうが一般的になった。

※赤文字の神社は、厳島神社の末社・摂社

◆宮島を舟で巡る行事「七浦巡り」を描いた『七浦図屏風』〈宮島歴史民俗資料館所蔵〉

平氏隆盛とともに地位を確立
清盛の宮島への思い

他に類を見ない海上社殿を清盛が造営
平氏の興隆とともに厳島は発展

　厳島神社の歴史には、平氏の隆盛が深く結びついている。それは11世紀末、平正盛（たいらのまさもり）が時の権力者・白河上皇（しらかわじょうこう）に重用されたことから始まる。のちに、正盛の子・忠盛（ただもり）は鳥羽上皇（とばじょうこう）の近臣として出世を遂げ、平氏の確固たる地位を確立。忠盛が築いた武力と財力は子の清盛（きよもり）に受け継がれ、平安時代末期、清盛は朝廷内で並ぶ者のない権力者に上りつめ、平家の全盛期を築き上げた。

　日宋貿易を推進した清盛は、海上交通の守護神として厳島神社を篤く信仰した。そして仁安（にんあん）3年（1168）から、神主・佐伯景弘（さえきかげひろ）の後ろ盾となり竜宮城を思わせる豪奢かつ崇高な海上社殿に修造。『平家物語』によると、安芸守在任中、清盛の夢枕に老僧が現れ、厳島を信仰すれば一門が繁栄すると予言、それがきっかけになったという。

　清盛はさらに長寛（ちょうかん）2年（1164）、極楽往生と平家一門の繁栄を願い『平家納経（へいけのうきょう）』を奉納。絢爛豪華な平家納経は、平家の栄華と平安王朝の優雅な美意識を今に伝える。平家一門の信仰により厳島には皇族や公家も参詣するようになり、厳島神社は広くその名が知られることになった。

↩広島県呉市にある平清盛の日招像。清盛は平家納経の奉納後、太政大臣にまで出世した。清盛は、雅楽をはじめとする多彩な京の文化も厳島にもたらしている

清盛ゆかりの伝統行事

　平安時代、貴族は邸宅前の池に船を浮かべて雅楽の演奏を楽しんでいたという。清盛は、この遊びを御祭神を慰めるために厳島に持ち込んだ。それが毎年旧暦6月17日に行われる管絃祭で、管絃の調べとともに明かりを灯した船が夜の海を渡り、夏の風物詩となっている。祭りは、3艘の和船をつないだ御座船が宮島を出航、地御前神社へ渡り、祭礼が終わると厳島神社へ戻る流れ。御座船が月明かりに照らされて大鳥居をくぐり抜ける姿が幻想的だ。

御座船のルート

↩管絃祭のクライマックス、御座船が大鳥居をくぐる〈写真提供：広島県〉

↑『厳島合戦図』〈宮島歴史民俗資料館所蔵〉

13～16世紀　激動の世、権力者の支配下に
戦国時代は戦場に

歴代の戦国武将も厳島神社に参詣
現存の本殿は毛利元就が再建したもの

　平家滅亡後も、厳島神社の地位は変わらなかった。時代は源氏の世となるも、その鎌倉幕府も元弘3年（1333）に滅亡。南北朝、室町へと移り変わるも、厳島神社は崇敬を集め続けた。室町時代には、初代・足利尊氏や3代将軍・義満も厳島を参詣している。足利将軍家の保護を受ける一方、中国地方を治める守護、大内氏の後援を受け、客神社の遷宮も行われた。

　戦国時代に厳島を支配したのは、戦国武将の大内義隆である。ところが天文20年（1551）、側近の陶晴賢が謀反を起こし、厳島は晴賢の支配下に置かれてしまう。陶晴賢に兵を挙げたのが毛利元就で、弘治元年（1555）厳島の合戦が起こり、島は戦場となった。

　戦いで陶氏を滅ぼした毛利氏は、その後強大な力を誇る有力大名になる。元就は厳島神社への崇拝を強め、大鳥居や社殿の再建、能舞台の寄進など今に伝わる建造物の修造を行い、厳島の発展に貢献した。

　豊臣秀吉も厳島神社を崇拝したひとりである。秀吉は天正15年（1587）に千部経を読誦するため経堂の造営を命じた。秀吉の死去により工事が中断されたため建物は未完成のままで、現在は豊国神社（千畳閣）として秀吉と加藤清正を祀っている。

　神を祀る宮島だが、平安時代より神仏習合が推進され、島内には多くの寺院も立ち並んでいた。

↑厳島神社のそばに建つ豊国神社（千畳閣）。畳857枚分の広さがあるという。明治時代の神仏分離令により、仏像は大願寺に遷された

17世紀～　商人が集う賑わいの島
憧れの宮島詣

商業交通の中継基地として栄えた時代
庶民の参拝者で賑わい、一大遊興地に

　慶長5年（1600）の関ヶ原の戦いを経て時代は江戸に入り、厳島の支配者は毛利氏から福島正則、浅野氏へと変わっていく。西廻り航路が開かれたこともあり、瀬戸内海では、以前にも増して各地の商人が行き交うようになった。厳島も交易の中継地として、京都や九州など遠方の商人が集まったという。相撲や芝居なども催され、参詣地としてだけでなく、瀬戸内地方の文化の中心地としても栄えていった。

　その後、日本三景のひとつとされて一般の観光客も多く訪れるようになり、宮島杓子など、工芸品やみやげ品も発展していった。

↑旅行者で賑わう表参道商店街

19世紀～　未来へ伝える日本の宝
世界遺産としての誇り

多難を乗り越え今に至る厳島
貴重な建築物や宝物は、日本が誇る遺産

　明治時代に入ると神仏分離令が発令され、島内にあった多くの寺院は廃寺となった。神仏習合の歴史は終わったが、人々の厳島への崇敬の念は衰えることなく、初代総理大臣・伊藤博文もたびたび参詣に訪れた。

　創建以来、再建や修復を繰り返しながらも、時の有力者の崇敬を受け、清盛が建てた壮麗な姿を現世に伝える厳島神社。原生林など島に残る豊かな自然も評価が高く、大正12年（1923）には全島が国の史跡名勝に指定された。また1996年には、ユネスコの世界文化遺産にも登録されている。

宮島 歴史年表

西暦	元号	事項	西暦	元号	事項
593	推古天皇元	安芸の豪族・佐伯鞍職により嚴島神社⊃P.26が創建される	1278	弘安元	時宗の開祖である一遍が嚴島神社に参詣
806	大同元	唐から帰国した弘法大師が霊地を求め、宮島へ立ち寄り、弥山⊃P.34を開基	1287	弘安10	一遍、再び参詣。このときの様子が『一遍上人絵伝』に描かれる(嚴島神社の絵画としては初めてのものとなる)
811	弘仁2	「伊都岐嶋神」の名で『日本後紀』に記される(嚴島神社の文献上の初見)	1336	延元元／建武3	足利尊氏が造営料として造果保(東広島市)を嚴島神社に寄進する
1118	元永元	平忠盛の長男として平清盛⊃P.39が誕生	1376	天授2／永和2	弥山御堂神護寺(大日堂)が建立される
1129	大治4	備前守であった平忠盛は白河上皇の院宣により、瀬戸内海の海賊追討使に抜擢される	1389	元中6／康応元	足利義満、嚴島神社に参詣する
1132	長承元	平忠盛が武家として初めて内裏への昇殿を許される	1407	応永14	嚴島神社 五重塔⊃P.36が建立される
1135	保延元	平忠盛、瀬戸内海の海賊追討使に再び任命される。70名余の海賊を連行し、京に凱旋	1523	大永3	嚴島神社神主家である一族の友田興藤が戦国武将・大内義隆に敗れる
1146	久安2	父・忠盛とともに行った海賊討伐の功績により、平清盛は安芸守に任じられる	1547	天文16	大内義隆が嚴島神社の大鳥居を再建する
1156	保元元	後白河法皇と崇徳上皇の皇位継承をめぐる対立と藤原氏内部の勢力争いが結びつき、戦乱が起こる(保元の乱)	1551	天文20	側近であった陶晴賢が大内義隆に謀反し、大寧寺に追い詰め自害させる(大寧寺の変)
1159	平治元	保元の乱のあと、勢力を伸ばした平清盛を打倒するため源義朝が藤原信頼と挙兵(平治の乱)	1555	弘治元	毛利元就が包ヶ浦に上陸。塔の岡に陣を敷いていた陶軍に奇襲をかけ、陶晴賢を討つ(嚴島の合戦)
1160	永暦元	平清盛が初めて嚴島神社に参詣する	1556	弘治2	毛利隆元が天神社を建立し、嚴島神社に寄進。毛利元就が嚴島神社の廻廊の床板を修復
1164	長寛2	平家一門、嚴島神社に写経を奉納(『平家納経』)	1561	永禄4	毛利元就が嚴島神社の大鳥居を修復する
1167	仁安2	平清盛、太政大臣に任じられる	1571	元亀2	毛利元就によって嚴島神社本殿が改築
1168	仁安3	嚴島神社の修造が行われ、現在の姿に近い社殿が形成される	1587	天正15	豊臣秀吉が嚴島神社に参詣。安国寺恵瓊に命じ、豊国神社(千畳閣)⊃P.36の建立を開始
1174	承安4	後白河法皇、建春門院とともに平清盛らが嚴島神社に参詣する	1635	寛永12	町奉行支配となった宮島に奉行所が設置される
1176	安元2	平清盛、一族とともに嚴島神社に参詣。社殿内および廻廊にて千僧供養を行う	1643	寛永20	儒学者・林鵞峰が『日本国事跡考』を著し、松島・橋立とともに厳島を「三處の奇観」と記す
1180	治承4	3月、高倉上皇・建礼門院(徳子)らとともに嚴島神社に参詣を行った平清盛は、6月に福原への遷都を断行する	1743	寛保3	広島の豪商らが嚴島神社前の新堤に108基の石灯籠と1基の大石灯籠を寄進。西松原の原型ができる
1181	治承5	閏2月、平清盛死去	1866	慶応2	勝海舟と長州藩使者が大願寺⊃P.36で長州戦争の休戦談判を行う
1185	元暦2	3月、壇ノ浦の合戦の末、平家滅亡	1875	明治8	大鳥居⊃P.32が再建され、現在の姿になる
1207	承元元	嚴島神社炎上。安芸国を嚴島神社造営料国として再建する	1923	大正12	厳島全島が特別史跡・名勝に指定される
1221	承久3	承久の乱ののち、周防前司・藤原親実が嚴島神社の神主に任じられる	1982	昭和57	引き物・くり物・彫刻といった宮島の伝統工芸が「宮島細工」に指定される
1223	貞応2	嚴島神社再び炎上	1996	平成8	ユネスコの第20回世界遺産委員会で、嚴島神社と大鳥居が立つ前面の海、背後に広がる弥山原始林を含む島の14%が世界遺産に登録される
1224	元仁元	安芸国を嚴島神社に寄進して再建開始			
1241	仁治2	嚴島神社の再建が完遂	2001	平成13	文化財等の修復に必要な檜皮・木材などを供給するため、宮島国有林が「世界文化遺産貢献の森林」に認定される

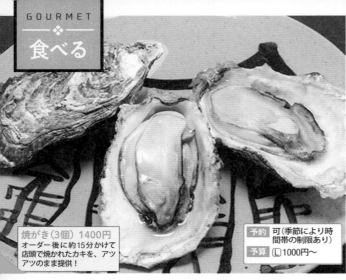

焼がき(3個) 1400円
オーダー後に約15分かけて店頭で焼かれたカキを、アツアツのまま提供!

| 予約 | 可(季節により時間帯の制限あり) |
| 予算 | (L)1000円〜 |

⬆ 良い香りを漂わせながら店頭で焼かれるカキ

焼きガキ発祥の一軒で 地元産のおいしさを堪能したい

焼がきのはやし

やきがきのはやし

宮島 **MAP** 付録P.7 E-2

創業70年以上を誇る、宮島の焼きガキ発祥の店。地元・地御前産の3年ものブランドガキは、粒が大きく味と旨みが濃厚。カキ本来のおいしさを存分に楽しめると店は常にお客でいっぱいだ。一年を通して生のカキがメニューに登場するのも特徴のひとつ。

☎0829-44-0335
所広島県廿日市市宮島町505-1
営10:30〜17:00(L.O.16:30)
休水曜(祝日の場合は営業、別日に振替)
交宮島桟橋から徒歩10分 Pなし

かきめし 1300円
もち米入りのもっちり食感と、カキのぷりぷりの身や旨みが絶妙

「海のミルク」と呼ばれ大切にされてきた

里海からの贈り物 カキ料理を食す

宮島周辺で採れるカキは、濃厚で旨みが凝縮していると評判。
生でいただくほか、焼く、煮る、蒸す、フライとお好みで。

新鮮なまま提供するカキを
食べ放題で味わい尽くす

島田水産 かき小屋

しまだすいさん かきごや

宮島口 **MAP** 付録P.2 B-3

宮島の対岸に位置する、水産会社直営の店。厳島神社の大鳥居付近で育てた鮮度抜群のカキを提供する。単品のほか、バーベキュースタイルで楽しむ食べ放題もあり。

☎0829-30-6356
所広島県廿日市市宮島口西1-2-6
営10:00〜16:00(土曜は〜19:00、日曜は〜17:00)休不定休 交JR宮島口駅から徒歩15分 Pあり

| 予約 | 不可(12名〜の団体は予約可) |
| 予算 | (L)(D)食べ放題2750円〜 |

60分食べ放題 2750円
(小学生1100円)
昼、夜どちらも注文できるコース。カキ飯が1杯と、焼きガキが食べ放題(写真はメニューの一部)

カキフライ定食 1100円
カキフライ、カキ飯、カキの佃煮と、カキづくしなセット

独自に育てた大きなカキと
ワインのマリアージュ

牡蠣屋
かきや

| 予約 | 不可 |
| 予算 | Ⓛ1500円〜 |

宮島 **MAP** 付録P.7 E-2

海域を細かく変え、手間ひまかけて育
てた店オリジナルのカキ。そのなかか
ら、より粒の大きなものを厳選して使
用する。カキのまろやかな味わいと併せ
て楽しみたいのが、豊富に揃えたワイ
ンや日本酒。お酒とのマリアージュで、
贅沢なひとときを。

☎0829-44-2747
🏠広島県廿日市市宮島町539 🕐10:00〜18:
00(売り切れ次第閉店) 🈚不定休 🚉宮島桟橋
から徒歩10分 Ⓟなし

↑店頭では、強い火力で
カキを豪快に焼いている

↑持ち帰り用のオイル漬け
1瓶1550円など。カフェ
「牡蠣祝」でも販売

牡蠣屋のオイル漬け
900円(2個)
店の自信作。繰り返し加熱す
ることで、濃厚な旨みに。ワ
インと併せていただきたい

牡蠣屋定食 2600円
大粒のカキがたっぷり堪能
できる、カキ好きにはたま
らない裏メニューの定食

↑洗練された空間

かきそば入りくらわんか焼
1500円
お好み焼の中央にカキが並べられ
たカキ入りはいちばんのおすすめ

| 予約 | 可(季節による) |
| 予算 | Ⓛ900円〜 |

広島名物・お好み焼も
地元産カキで食べ応えアップ

くらわんか

宮島 **MAP** 付録P.7 F-1

「くらわんか」とは、広島弁で「食べ
ませんか」の意。塩胡椒を使わず、野
菜本来の味を引き出したお好み焼を、
「くらわんか焼」として提供する。宮
島産カキのほか、エビ、チーズ、餅な
どもトッピングできる。

☎0829-44-2077
🏠広島県廿日市市宮島町589-5
🕐11:00〜16:30(LO16:00) 🈚不定休
🚉宮島桟橋から徒歩8分 Ⓟなし

↑長い鉄板
も特徴
↑カキだけを焼
いた一品料理も
人気がある

4

↑弁当も予約可。ゆっくりするなら
2階にある系列店「他人吉」へ

並んででも食べたい味
宮島穴子飯発祥の店

あなごめし うえの

宮島口 **MAP** 付録 P.7 E-4

明治34年(1901)より駅弁として穴子
飯の販売を始め、今も多くの人に愛さ
れる老舗。脂がのった上質な穴子のみ
を使用し、強火で焼いて旨みを閉じ込
める。穴子のアラからとっただしで炊
き上げたご飯との相性もたまらない。

☎0829-56-0006
🏠広島県廿日市市宮島口1-5-11
🕐9:00～19:00(水曜は～18:00)、
2F他人吉11:00～15:00 17:00～22:00(月・木
曜は昼のみ) 🈺無休(他人吉は火・水曜) 🚋広
電・宮島口電停から徒歩3分 🅿あり

予約	コースのみ可
予算	Ⓛ2540円～
	Ⓓ5390円～

あなごめし(手前) 2800円
香ばしく焼き上げた穴子を炊きたて
のご飯とともに。汁付き
あなごの白焼き(奥) 1760円
素焼きにした穴子に薄口醤油を塗り、
わさびと塩を添えて

香ばしい香りに誘われて暖簾をくぐる
ふっくら 穴子飯の悦楽

100年以上も昔、宮島駅の駅弁として発売された穴子飯。甘辛の穴子とご飯の相性は抜群だ。

老舗の一軒で味わう
ふっくら感が◎な穴子丼

お食事処 梅山
おしょくじどころうめやま

宮島 **MAP** 付録 P.7 E-1

穴子とカキの専門店として、100年以
上続く老舗店。特に、焼いたあとに
蒸すことでふわっとした食感に仕上
げた穴子に、秘伝の甘辛いタレをた
っぷりかけた穴子丼は、不動の人気
を誇るメニューだ。

☎0829-44-0313
🏠広島県廿日市市宮島町844-1
🕐10:00～17:00(LO16:30)
🈺不定休
🚋宮島桟橋から徒歩5分 🅿なし

予約	可(繁忙期以外)
予算	Ⓛ580円～

あなご丼 1980円
穴子を2匹使い、ご飯が見
えなくなるほどたっぷり
敷き詰めている。吸い物、
香の物付き

おいしさのヒミツは
だしで炊いた米にあり

あなごめし 花菱
あなごめし はなびし

宮島 **MAP** 付録 P.7 E-1

穴子飯を提供する店は島内外に数あれど、
ここはだしで炊いた米を使用するのが特
徴。伝統的な作り方で提供される一品は、
天然穴子やオリジナルのタレの旨みも加
わり、絶妙なおいしさ
を醸し出す。

☎0829-44-2170
🏠広島県廿日市市宮島町856
🕐11:30～15:00(お弁当テイク
アウトは～17:00)
🈺不定休 🚋宮島桟橋から徒
歩5分 🅿なし

予約	不可
予算	Ⓛ5000円～

あなごめし(お重) 5000円
吸い物、香の物付きで、焼き穴子にタ
レをかけたデラックスサイズ。穴子飯
の持ち帰り用弁当の注文も可能

ふわふわ食感が美味
ひと味違う穴子飯を

宿屋食堂＆バー
まめたぬき

やどやしょくどう＆バー まめたぬき

宮島 **MAP** 付録P.7 E-2

旅館 錦水館の1階にある、煮穴子
をご飯の上に敷き、陶器の箱ごと
蒸し上げた穴子飯が自慢の店。バ
ーナーで焼き目をつけることで、
外はこんがり、中はふっくらとし
た穴子のおいしさを楽しめる。夜
は居酒屋メニューも充実。

☎0829-44-2152
🏠広島県廿日市市宮島町1133 錦水館1F
🕐11:00〜15:00(LO14:30) 17:00〜
20:30(LO20:00) 🈂不定休 🚃宮島桟
橋から徒歩10分 🅿なし

予約	可

予約
L 1800円
D 2500円

⬆一品料理をお酒と
ともに

穴子の陶箱飯 2480円
冷めにくい専用の容器でアツ
アツを味わえるのもうれしい。
小鉢、味噌汁、香の物付き

食材は全国から厳選
手間ひまかけた味を

山代屋

やましろや

宮島 **MAP** 付録P.6 B-3

店主こだわりの食材で仕上げる
穴子飯が堪能できる。国産の穴
子だけを厳選し、ていねいに串
打ちすることで均一に火を入れ
る。継ぎ足し続けているタレは、
2種の醤油や氷糖蜜、ワインビネ
ガーなどを加えた秘伝の味。

☎0829-44-0258
🏠広島県廿日市市宮島町
102 🕐11:30〜15:00
🈂不定休 🚃宮島桟橋か
ら徒歩18分 🅿なし

予約	不可

予算 L 750円〜

⬆厳島神社参拝後の立ち
寄りに最適の立地

あなごめし 2200円
穴子が増量する大2500円
も用意。だしからこだわ
り満載のうどんも必食

ゆるやかな時間が流れる隠れ家で過ごす
宮島カフェで憩う

古民家を改装した店など、レトロな和の空間でのんびりと
店主こだわりの香り高いコーヒーや手作りスイーツを味わって。

古民家を再生したカフェで
至福の一杯とおみやげ探し

ぎゃらりぃ 宮郷
ぎゃらりぃ・みやざと

☎0829-44-2608
所広島県廿日市市宮島町幸町
東表476
営10:00～18:00(LO17:30)
休水曜 **交**宮島桟橋から徒歩
10分 **P**なし

宮島 **MAP** 付録P.7 E-3

築約250年の建物を生かした
カフェギャラリー。1杯ずつハ
ンドドリップで淹れるコーヒ
ーでひと息ついたあとは、ギ
ャラリーでおみやげ探しを楽
しんで。宮島の工芸品や県内
の作家による手作り雑貨のな
かからお気に入りの一品が見
つかるはず。趣ある空間のな
かで、ゆっくりとした時の流
れを感じながら過ごしたい。

1.ケーキセット900円。アールグレ
イの手作りシフォンは香り豊か
2.町家通りに面する
3.美しい中庭も望める

宮島の食材と景色を
堪能する贅沢なひととき

牡蠣祝
かきわい

宮島 **MAP** 付録P.7 E-3

島民しか通わない小高い丘に位
置する、「牡蠣屋のオイル漬け」
コンセプトショップ&カフェ。表
参道商店街の牡蠣専門店「牡蠣
屋」の、地御前産ほか宮島近辺
のカキにこだわったオリジナル
商品や、瀬戸田のレモンを使っ
たデザート、ドリンクが揃う。
眼下に広がる絶景も自慢。

☎0829-44-2747
所広島県廿日市市宮島町422
営12:00～16:30 **休**小学4年生以下入
店不可 **休**不定休 **交**宮島桟橋から徒
歩15分 **P**なし

1.絶景を見ながら、オリジナルドリンクと牡蠣を堪能 2.築100年以上の
古民家をリノベーションした店舗 3.看板商品の牡蠣屋のオイル漬け
1550円 4.目の前に大野瀬戸や宮島の町並みが広がる

多彩なドリンクで
広島の魅力をアピール

GEBURA
ゲブラ

宮島 **MAP** 付録 P.7 F-2

広島ならではの素材を使ったテイクアウトドリンク専門のバー。広島レモンと砂糖だけで自家製シロップを仕込み、さまざまな爽やかドリンクを提供している。広島のクラフトジン「桜尾」を使ったお酒も人気。島内散歩の立ち寄りにぜひ！

☎なし
㊟広島県廿日市市宮島町528-3
⏰10:00～18:00頃 ㊡不定休 ㊂宮島桟橋から徒歩10分 Pなし

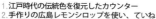

1.江戸時代の伝統色を復元したカウンター
2.手作りの広島レモンシロップを使い、ていねいに一杯一杯入れてくれる
3.広島レモン酎ハイ600円。カップのロゴもおしゃれ 5.宮島在住の設計士がデザインした

コーヒーの香りに誘われて
表参道商店街沿いのカフェへ

宮島珈琲
みやじまこーひー

宮島 **MAP** 付録 P.7 E-2

表参道商店街に面しながら、店内は落ち着いた雰囲気に包まれた一軒。島内で焙煎したこだわりのコーヒーは、ミルクとの相性も抜群の深煎りのビターなブレンドから、苦みを抑えたマイルドなものまで揃える。

☎0829-44-0056
㊟広島県廿日市市宮島町464-3 ⏰9:00～18:00(土曜は～19:00)
㊡無休 ㊂宮島桟橋から徒歩10分 Pなし

1.アフォガード700円。写真のエスプレッソのほか抹茶、チョコレートの3種
2.くつろぎを誘う店内
3.持ち帰りコーヒー豆オリジナルブレンド#1(左)、#2(右) は各100g540円。ドリップバッグもある

広島の食材を使った
各種メニューが勢揃い

CAFE HAYASHIYA
カフェ ハヤシヤ

宮島 **MAP** 付録 P.7 F-2

数寄屋造りの店内で味わえるのは、広島の食材を中心としたスイーツ。有機栽培の宇治抹茶を使うなど、素材にこだわって作られるスイーツやフードを堪能したい。オリジナル鹿グッズや、広島出身作家の文具も販売している。

☎080-1932-0335
㊟広島県廿日市市宮島町504-5
⏰11:00～16:20(LO)
㊡水曜、火曜不定休
㊂宮島桟橋から徒歩8分
Pなし

1.3種のお茶の味が楽しめるtea'sパフェ1630円 2.かわいい鹿グッズ。左回りに店オリジナルのマスキングテープ1個420円、スタンプ1個980円、あぶらとり紙1冊290円、付箋1束390円

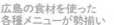

宮島唯一のクラフトビール！

宮島ブルワリー ①
みやじまブルワリー

MAP 付録P.7 E-2

宮島の天然水を使ったクラフトビールを造っているブルワリーで、ビアスタンドでは常時5種類前後のビールを楽しめる。2023年のG7広島サミットでも提供され、話題に。

☎0829-40-2607
所広島県廿日市市宮島町459-2　営12:30～17:00(土・日曜、祝日10:30～)※季節により変動あり　休不定休※詳しくはHPを確認　交宮島桟橋から徒歩7分
Pなし

↑宮島ビール各450円～。左から広島 RED ALE、宮島 WEIZEN、宮島 OYSTER STOUT

表参道商店街で
おみやげ探し＆食べ歩き

喧騒のなかに
旅情を感じて

厳島神社へと続く約350mのメインストリート。宮島グルメや伝統工芸品・民芸品の店が軒を連ねる。

←やわらかい口当たりが特徴のオリジナルビール「アイランドレーベル」。おみやげにぴったりな定番3瓶セット1950円

↑併設の醸造所で造ったできたての生ビールを楽しめる

→ビアスタンドではビールのほか、グッズ等も販売

便利な調味料をおみやげに

宮島醤油屋 本店 ②
みやじましょうゆや ほんてん

MAP 付録P.7 E-3

醤油を中心に各種調味料や漬物、菓子など、オリジナルの商品が所狭しと並んでいる。味見や試食ができるものが多く、失敗したくないおみやげ選びに心強い。

☎0829-44-0113
所広島県廿日市市宮島町439-1
営9:30～17:30　休無休
交宮島桟橋から徒歩10分　Pなし

カキや柑橘など瀬戸内の味わいが生きた醤油です

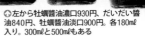

↑左から牡蠣醤油濃口930円、だいだい醤油840円、牡蠣醤油淡口900円。各180㎖入り。300㎖と500㎖もある

→濃厚な味わいの牡蠣マヨネーズ860円

N

0 ~ 50m

↑宮島には野生のニホンジカが生息している。街中には約200頭が生息するといわれる

卍存光寺

宮島桟橋 ↑

(みやげ)船附物産展 S
(もみじまんじゅう)木村屋 S
P.44 お食事処 梅山 R
P.51 御菓子司 ミヤト本店 S
P.44 あなごめし 花菱 R

S やまだ屋 宮島本店 P.50
宮島手づくり工房
R たち花(穴子・カキ)
R ももちゃん(お好み焼き)

info.表参道 i

S ほしで(みやげ)

P.56 厳島いろは H
P.43 くらわんか R
(珍味)龍宮堂 S

S 沖野水産
S 菓子処きむら P.50

S 正木屋(みやげ)
S 吉川 七浦堂(もみじまんじゅう)

(みやげ)あまの S
(もみじまんじゅう)津田清風堂
宿屋食堂&バー まめたぬき R
牡蠣フライ串と麦酒
P.56 錦水館 H

宮島工芸製作所 ④
C 町かど

(熊野筆)民芸館藤井屋 S
(せんべい)寺子屋本舗 S
P.51 藤い屋 S
手打ちうどんしな川 R

S 津田物産展(みやげ)
R 牡蠣屋 P.43
S 紅葉堂 弐番屋(もみじまんじゅう)
R 焼がきのはやし P.42

C 古色ささき

(みやげ)中大勝啓本店 S
木村ほてい堂 S
(天)三遊姫 S
博多屋(もみじまんじゅう) S

S 鳥居屋(みやげ)
杓子の家(みやげ)
小林一松堂(伝統工芸)
C CAFE HAYASHIYA P.47

C 宮島珈琲 P.47
S 酒と器 久保田

R 岩むら(穴子・カキ)
② 宮島醤油屋 本店

36
神社
宝物館

S プリムベェール(ジュース)
C ぎゃらりぃ 宮郷 P.46
S 紅葉堂 本店 P.50
① 宮島ブルワリー

★ 厳島神社 五重塔 P.36

役場前

荒胡子神社 卉

↓厳島神社

↑工房内で職人が1つずつ手作業で作る

まんじゅう

旅館の味を気軽に

牡蠣フライ串と麦酒 ③
かきフライぐしとびーる

MAP 付録 P.7 E-2

牡蠣フライ串やあなごめし串など、宮島名物を手軽に味わえるテイクアウトフードにアレンジ。ビール550円と一緒に楽しもう。

☎0829-44-2131
⬛広島県廿日市市宮島町1133 錦水館内 ⏰11:00〜15:00
休月曜 🚶宮島桟橋から徒歩10分 Ｐなし

↑錦水館(→P56)
が手がける

↑牡蠣フライ串3個600円。ほかにも2個400円、5個1000円もある。タルタルソースとの相性抜群

↑穴子飯を揚げたあなごめし串1本500円

しゃもじ・木製品

長く愛用できる一品を

宮島工芸製作所 ④
みやじまこうげいせいさくじょ

MAP 付録 P.7 F-2

宮島は杓子発祥の地。その伝統を受け継ぐ工芸技術が、しゃもじ作りだ。ここでは、文字入り看板しゃもじや、調理用しゃもじ、ヘラの製造を行う。手になじむなめらかなカーブが特徴で、使うほどに味が出る。商品の一部は店頭で購入することが可能。

☎0829-44-0330
⬛広島県廿日市市宮島町617 ⏰8:00〜17:00
休日曜 🚶宮島桟橋から徒歩10分 Ｐなし
※表参道商店街の「船附商店」でも販売中
※注文はHPからも受付
miyajimakougei.com/

↑広島県北をメインに、日本国内の木材を使用。左からしゃもじ(檜)1210円、しゃもじ(桜)1210円、ヘラ(桜)935円、バターナイフ(桑)550円

色鮮やかに、多彩な味わいが楽しい
定番もみじ饅頭

風味抜群！ケーキ屋さんのもみじ饅頭をぜひどうぞ

洋菓子店ならではの味わい

名物「揚げもみじ」をパクリ

豊富な種類に手焼き体験も

名物「揚げもみじ」あんこ
揚げたてが絶品。クリームとチーズもあり。200円

もみじ饅頭カスタードクリーム
まろやかな口当たりで、やわらかな生地に合う。120円

もみじ饅頭 果肉入りアップル
シャキっとした食感の、リンゴのソテー入り。140円

もみじ饅頭 オリジナルチーズ
2種類のチーズとコアントローで大人味。140円

もみじまんじゅう こしあん
小豆の皮をていねいに取り除いた、上品な味わいの餡。120円

もみじまんじゅう 瀬戸内レモン
瀬戸内レモンを使用した、香り高いレモンカスタード入り。120円

こしあん
丁寧に何度も水にさらしたこし餡が上品な甘さを演出。カステラ生地で包んだ逸品。120円

抹茶もみじ
餡だけでなく生地にも抹茶を加えたのがポイント。120円

桐葉菓
こし餡とつぶ餡をもち粉の生地で焼き上げた。160円

菓子処 きむら
かしどころ きむら

宮島 MAP 付録P.7 F-2

生地はシフォンケーキをベースにするなど、洋菓子店ならではの製造方法やアイデアが特徴。なかでも果肉入りアップルとオリジナルチーズはオリジナリティある味で人気だ。冷やしても美味。
☎0829-44-0041
所広島県廿日市市宮島町592
営9:30～18:00（季節により変動あり）
休不定休 宮島桟橋から徒歩8分 Pなし

➡もみじ饅頭は全5種。しっとり食感が人気

紅葉堂 本店
もみじどう ほんてん

宮島 MAP 付録P.7 E-3

明治45年(1912)創業と、とりわけ長い歴史を持つ。看板商品は、空気をたっぷりと含ませて焼いた生地のやわらかな食感と、パリっとした衣の対比が楽しめる「揚げもみじ」。
☎0829-44-2241
所広島県廿日市市宮島町448-1
営9:00～17:30頃（季節により変動あり）
休不定休 宮島桟橋から徒歩10分 Pなし

➡店内は常に、多くの人で賑わっている

やまだ屋 宮島本店
やまだや みやじまほんてん

宮島 MAP 付録P.7 F-1

もみじ饅頭は、季節限定も含め約20種類を誇るラインナップ。桐葉菓など、そのほかの菓子も本店ならではの充実した品揃えだ。2階では手焼き体験もできる。
☎0829-44-0511
所広島県廿日市市宮島町835-1
営9:00～18:00 休無休
宮島桟橋から徒歩8分 Pなし

➡手焼き体験770円 当日申込も可

宮島の紅葉谷をヒントに生み出されたもみじ饅頭。
定番のこし餡のほかクリームやチーズ、チョコレートなど、
バリエーション豊富に揃う。

やわらかな食感に魅了される

もみじ饅頭 大納言
大粒の大納言は、甘さ控えめで風味豊か。140円

栗もみじ
無農薬・有機栽培の採りたての栗100%使用。秋季限定。280円

もみじ饅頭 クリーム
口溶けの良い、ほどよい甘さのカスタード。140円

おきな堂
おきなどう

宮島口 MAP 付録P.7 F-4

材料はもちろん、生地やクリームのやわらかさをとことん追求したこだわりのもみじ饅頭。口の中に広がるほどよい甘みとふわりとした食感が絶品。季節ごとに発売する限定もみじは、必ず食べたい。

☎0829-56-0007
所広島県廿日市市宮島口1-10-7 営10:00～18:00 休木曜(1日、祝日の場合は営業、振替休あり) 交広電・宮島口電停から徒歩1分 Pなし

定番もみじ5種と、季節限定もみじが楽しめる

手焼きが味わえる唯一の店

チーズもみじ
この味を求めて訪れるファンも多い、人気の味。130円

もみじ饅頭 こしあん
ふんわりと広がる生地と餡の甘さが絶妙。120円

アイスもみじ饅頭 ストロベリー
アイスが入った一品。バニラや抹茶もある。150円

御菓子司 ミヤトヨ本店
おかしつかさ ミヤトヨほんてん

宮島口 MAP 付録P.7 E-1

宮島で唯一手焼きで作っており、その製法だからこその食感を守り続ける。元祖とされるプロセスチーズ入りもみじ饅頭は特にリピーター多数。アイスもみじといった変わりダネも人気。

☎0829-44-0148
所広島県廿日市市宮島町854-1 営9:00～17:00(季節により変動あり) 休不定休 交宮島桟橋から徒歩5分 Pなし

桟橋から近く、人通りの多い道に面する

カステラと餡とのベストバランス

もみじまんじゅう こしあん
北海道産小豆を使用したこし餡は、上品な味わい。130円

もみじまんじゅう カスタードクリーム
カステラに合う素朴な味わいのカスタードが特徴。130円

藤い屋
ふじいや

宮島口 MAP 付録P.7 E-2

「変わらないために変わり続ける」をモットーに、原材料、カステラと餡のバランスにもこだわる大正14年(1925)創業の店。店内で、お茶とともに焼きたてが味わえる。

☎0829-44-2221
所広島県廿日市市宮島町1129 営9:30～17:30 休無休 交宮島桟橋から徒歩7分 Pなし

店内では焼きたてが食べられる

歴史薫る城下町を象徴する優美な景観

岩国 いわくに

長い歴史を持つ岩国は『万葉集』にもその名を詠われている。
錦帯橋と山頂にそびえる岩国城、変わらぬ絶景を訪ねよう。

散策のポイント

川原から錦帯橋を見上げ、裏側の見事な木組みに職人の技を感じる

岩国城と吉香公園内の施設で岩国藩の歴史を学ぶ

川の南側に広がる風情漂う城下町を散策、郷土料理を味わう

(お役立ちinformation)

お得な割引チケット

錦帯橋、岩国城への入場、ロープウエー往復利用分が可能なセット券970円がお得。錦帯橋、岩国駅観光案内所で購入することができる。

観光案内を活用

岩国駅観光案内所
岩国駅切符売り場にある。
☎0827-22-0204 営9:00～17:00 休無休
観光ボランティアガイド
錦帯橋から岩国城まで、土地の歴史や文化を交じえて案内。1人から利用することができる。
☎0827-41-2037(岩国市観光協会) 営9:00～17:30(5日前までに要予約) 休無休 料無料

岩国・錦帯橋へのアクセス

●電車／バスでのアクセス
●各地からJR岩国駅へ
JR宮島口駅からJR山陽本線で約23分
●JR岩国駅から錦帯橋へ
JR岩国駅から錦帯橋バス停までいわくにバスで約15分
●JR新岩国駅から錦帯橋へ
JR山陽新幹線を利用する場合はJR新岩国駅で下車、錦帯橋までいわくにバスで約13分
●岩国錦帯橋空港から錦帯橋へ
岩国錦帯橋空港からいわくにバスで約26分
●車でのアクセス
●岩国ICへ
廿日市ICから広島岩国道路・山陽自動車道で約23km約22分。岩国ICから錦帯橋までは国道2号、県道112号経由で約10分

岩国城ロープウエー

山麓と城山山頂を結び、毎時15分ごとに運行。眼下に錦帯橋、遠くには瀬戸内海の島々を望む約3分の空中散歩へ。
☎0827-41-1477
(錦川鉄道 岩国管理所)
所山口県岩国市横山2-6-15 営9:00～17:00
休点検整備日 料往復560円 交錦帯橋バス停から徒歩10分 Pあり(錦帯橋駐車場利用)

山口県最大の河川・錦川に架かる錦帯橋。江戸時代から岩国の象徴として人々に親しまれている

錦帯橋の豆知識

橋全体の長さは193.3m
長さは両端の反橋が34.8m、中央3つのアーチ橋が35.1m、4本の橋脚が4.6m。
高度な技術が生み出した「流されない橋」
度重なる氾濫を受けたことで、洪水に強い橋脚のないアーチ型の橋が誕生

城下町を見守ってきた
街のシンボル

錦帯橋
きんたいきょう

岩国の中心を流れる錦川に架かる錦帯橋。延宝元年（1673）、3代藩主・吉川広嘉公によって創建され、2度の流失を経験したが、現在も創建時の威容を保っている。他に類を見ない木造5連のアーチ構造で、伝統を受け継ぐ精巧な木組みが特徴的。周辺の美しい自然との調和も素晴らしく、日本三名橋のひとつに数えられる。

MAP 付録P.19 E-4

☎0827-29-5116（岩国市観光振興課）
所山口県岩国市岩国
時24時間（ライトアップは日没～22:00）　休無休
料310円　交錦帯橋バス停から徒歩1分　Pあり

四季折々、美しい表情を見せるアーチを楽しむ

訪れる季節により、錦帯橋の印象はがらりと変わる。
それぞれに魅力的な風景を眺めたい。

1.薄紅色に染まる春爛漫の錦帯橋　2.夏の風物詩であるう飼　3.深紅に色づく秋景色は情緒たっぷり　4.冬の青空に映える雪化粧の錦帯橋

岩国藩ゆかりの地で歴史をたどる

錦帯橋の周辺には武家屋敷などの史跡が残る。
当時の人々や暮らしに思いを馳せて巡りたい。

吉香公園
きっこうこうえん
MAP 付録P.19 D-3

↑噴水や芝生広場を備えた市民憩いの場所

園内に史跡が点在

岩国藩主・吉川家の居館跡を、明治時代に公園として整備。広大な園内には武家屋敷や美術館、吉香神社などがある。桜の名所としても名高い。

☎0827-41-1780(公園管理事務所)　所山口県岩国市横山　開休料入園自由　交錦帯橋バス停から徒歩10分　Pあり

↑天守閣は展望台となっており、眺望が楽しめる

↑岩国市街のほか、宮島をはじめとする瀬戸内海の島々、四国までが一望できる

↑昭和37年(1962)に復元

岩国城
いわくにじょう
MAP 付録P.19 D-3

天守閣から雄大な景色を望む

初代岩国藩主・吉川広家が、慶長13年(1608)に築いた山城。桃山風南蛮造りで、内部には刀剣や甲冑、錦帯橋の模型などを展示。

☎0827-41-1477(錦川鉄道 岩国管理所)　所山口県岩国市横山3　開9:00~16:45(入場は~16:30)　休無休(ロープウエー点検日を除く)　料270円　交岩国城ロープウエー・城山山頂駅から徒歩8分　Pなし

貴重な宝物が並ぶ
吉川史料館
きっかわしりょうかん
MAP 付録P.19 E-3

↑歴史ある建物にも注目

約800年の歴史を持つ吉川家伝来の史料や美術品など約7000点を収蔵。国指定重要文化財も多い。

☎0827-41-1010　開9:00~16:30(祝日の場合は翌日)　休水曜　料500円　P24台

↑年に3回の展示替えがある

端正で美しい武家屋敷
旧目加田家住宅
きゅうめかたけじゅうたく
MAP 付録P.19 D-3

☎0827-28-5353(岩国市文化財課)　開9:30~16:30　休月曜(祝日の場合は翌日)　料無料

18世紀末頃に建てられた中級武家屋敷の数少ない建造物。簡素ながら端正な入母屋造で、国の重要文化財となっている。

↑平屋に見えるが2階建て

日本伝統の武具が揃う
柏原美術館(旧岩国美術館)
かしわばらびじゅつかん(きゅういわくにびじゅつかん)
MAP 付録P.19 D-3

刀剣や甲冑などの古武具や美術品を中心に展示。武家の生活を伝える調度品も紹介している。

↑常設展のほか特別展も開催

☎0827-41-0506　開9:00~17:00(12~2月は~16:00)　休火曜(繁忙期は営業)　料800円

紅葉谷公園
もみじだにこうえん
MAP 付録P.19 D-4

静寂に包まれた紅葉の名所

江戸時代からあったいくつかの寺院跡地を整備した公園。観光コースからやや外れているため静かで、紅葉はもちろん新緑も見応えがある。

☎0827-41-1780(公園管理事務所)　所山口県岩国市横山　開休料入園自由　交錦帯橋バス停から徒歩15分　Pあり
↑その名のとおり、鮮やかな紅葉が美しい

散策のあとは、郷土の味に舌鼓

岩国寿司を楽しむ

初代岩国藩主・吉川広家も好んで食したという。各店こだわりの一品を食べ比べてみたい。

間近に錦帯橋を眺めながら岩国の郷土料理をいただく

錦帯橋たもと 平清
きんたいきょうたもと ひらせい

`MAP` 付録P.19 E-4

安政5年（1858）創業の老舗和食店。岩国寿司、大平、三杯酢など岩国の郷土料理がコースや御膳で楽しめる。地酒も多数あり。2階席からは錦帯橋を一望でき、花見や紅葉が見頃のシーズンは満席になるので電話予約がおすすめ。

☎0827-41-0236
所 山口県岩国市岩国1-2-3
営 11:30～13:30 土・日曜、祝日、繁忙期11:00～14:00 ※夜はグループの予約分のみ営業
休 火・水曜、ほか不定休（祝日の場合は営業）
交 錦帯橋バス停から徒歩1分　P なし

| 予約 | 望ましい |
| 予算 | Ⓛ2000円～ |

↰錦帯橋すぐに位置し、バス停からは徒歩1分（左）。窓際の席からは大迫力の錦帯橋が眺められる（右）

じゃのめ御膳 1980円
一番人気の御膳。岩国寿司など、郷土の味を楽しめる

小説にも登場する名旅館で職人技の逸品を味わおう

料亭旅館 半月庵
りょうていりょかん はんげつあん

`MAP` 付録P.19 E-4

明治2年（1869）、茶室として創業。小説・宇野千代著『おはん』の舞台としても有名な旅館。岩国寿司は単品のほか、天ぷら膳や刺身膳でも味わえる。岩国れんこん、焼き穴子など具だくさんで2段重ねなのが特徴だ。持ち帰り可。

☎0827-41-0021
所 山口県岩国市岩国1-17-27　営 11:00～14:00 夜は予約時に相談　休 不定休
交 錦帯橋バス停から徒歩3分　P あり

| 予約 | 夜は要 ※懐石料理は昼も要 |
| 予算 | Ⓛ1760円～　Ⓓ7788円～ |

岩国寿司（単品）836円
地物をふんだんに使って職人がていねいに作る

↰中庭を望める館内の食事処「いをり」

↰歴史と伝統を感じられる、趣のある門構え

泊まる
HOTELS

瀬戸内海のきらめき、緑の薫り…
神聖な海と緑に抱かれて

神の住む島といわれる宮島と、その周辺にある名宿をご紹介。
瀬戸内の海に沈む夕日を眺めながらゆったりと過ごしたい。

遠く宮島と瀬戸を望む高台の庭園にたたずむ離れ座敷の宿
庭園の宿 石亭
ていえんのやど せきてい

1.ロビーからも庭園と海を望み、春には桜、秋には紅葉が彩る　2.風情あふれる岩造りの露天風呂　3.庭に囲まれた書斎や坪庭を配した寝室、2階には浴室がある「游麕」

宮浜温泉 **MAP** 付録P.2A-3

なだらかな傾斜に広がる風情豊かな庭園は、中央に池を配した回遊式。部屋ごとに異なる趣の客室は本館3室、離れ9室で、全室に檜の内湯があるほか、岩造りの露天風呂もあり、どこにいても上質なくつろぎのひとときを過ごせる和風リゾートだ。

☎0829-55-0601
所広島県廿日市市宮浜温泉3-5-27　交JR大野浦駅から車で5分、無料送迎バスあり　Pあり　in15:20　out10:20　室12室　予算1泊2食付3万9750円～

安政元年(1854)創業以来、皇室、政界、文人を魅了
みやじまの宿 岩惣
みやじまのやど いわそう

1.1室1棟の木造平屋建ての「はなれ」は、職人の意匠が光る伝統建築　2.肌がつやつやになるという月の湯温天　3.手間ひまかけた上品な味わいの会席料理をゆっくり味わえる

宮島 **MAP** 付録P.6 C-3

紅葉谷公園の入口にたたずむ純和風旅館で、大正〜昭和に建てられた「はなれ」、昭和初期の木造建築の「本館」、紅葉谷と瀬戸内海を望む鉄筋5階建ての「新館」からなる。弥山原始林に包まれた露天風呂はラドンを豊富に含む自慢の天然温泉。

☎0829-44-2233
所広島県廿日市市宮島町もみじ谷　交宮島桟橋から徒歩15分、無料送迎バスあり(要当日予約)　Pあり　in15:00　out10:00　室38室　予算1泊2食付2万9850円～

厳島神社の大鳥居を望む海側の客室が人気
錦水館
きんすいかん

1.贅沢で特別なひとときが過ごせる半露天風呂付き特別室「オトナの休日」　2.海鮮やお肉が楽しめる「美味饗宴コース」

宮島 **MAP** 付録P.7 E-2

明治35年(1902)創業で、表参道商店街に面して建つ数寄屋造りの老舗旅館。ゆったりとしたスイートからシングルまで目的に応じて9タイプの客室から選べる。肌がすべすべになるという宮島潮湯温泉も好評。

☎0829-44-2131
所広島県廿日市市宮島町1133　交宮島桟橋から徒歩10分、無料送迎バスあり(要連絡)　Pあり　in15:00　out11:00　室39室　予算1泊2食付2万8750円～

宮島では比較的新しく眺めのいい露天風呂が自慢
厳島いろは
いつくしまいろは

宮島 **MAP** 付録P.7 E-1

和モダンの客室は9室で、それぞれに趣が異なり、5階大浴場には大鳥居を望む開放的な露天風呂がある。料理は瀬戸内の新鮮な魚介を使った料理長こだわりの会席料理。

1.大鳥居と瀬戸内海を望む「きぬの湯」　2.大鳥居を望む海の見える部屋「402」　3.瀬戸内の幸、中国山地の山の幸など旬の味覚を満喫　4.窓いっぱいに眺望が広がる

☎0829-44-0168
所広島県廿日市市宮島町589-4　交宮島桟橋から徒歩5分　Pなし　in15:00　out12:00　室15室　予算1泊2食付3万9600円～

世界へ
歴史と希望を
発信する美しい
水の都

広島

❖

国際平和文化都市として
各国から人々を迎え入れ、
2023年にはG7サミットが開催された。
平和記念公園や原爆ドームなどの
歴史を伝える施設を訪れたあとは、
名物グルメやおみやげ探しを
楽しみたい。

旅のきほん 1

エリアと観光のポイント

広島はこんなところです

観光のメインは平和記念公園周辺。
本通り周辺の繁華街は活気があり、グルメ&ショッピングに最適。

広島名物のそば入り
お好み焼

歴史と文化を感じる

広島城周辺 →P.66
ひろしまじょう

市の中心〜北部には江戸期の繁栄を今に伝える広島城や名庭・縮景園、優れた作品を収蔵する美術館など、知的好奇心を刺激するスポットが多くある。緑豊かなエリアをのんびり巡ろう。

観光のポイント 夜はライトアップされ、違った表情を見せる広島城へ

↑ 外観の復元によって往時の姿のままにそびえる天守閣

↓ ライトアップは日没から22時頃まで

平和への祈りを捧げる

平和記念公園周辺 →P.62
へいわきねんこうえん

平和記念公園、原爆ドームの周辺には平和を願う記念碑や施設が点在しており、広島を象徴するエリアとなっている。公園の周囲には川が流れ、船での水上散策も楽しめる。

観光のポイント 公園内を散策して近くの素敵なカフェでひと休み

↑ 平和記念公園にある原爆死没者慰霊碑

↓ 原爆ドームは広島の歴史の証人

食に買い物、街を楽しむ

本通り・流川・八丁堀周辺
ほんどおり・ながれかわ・はっちょうぼり

本通り周辺には商店街や百貨店、セレクトショップが集まり、買い物が楽しめる。流川・八丁堀周辺には飲食店が軒を連ね、夜も多くの人で賑わう広島一のナイトスポットとなっている。

観光のポイント 繁華街でお好み焼、つけ麺などの広島名物を楽しむ

↑ 本通り商店街は広島を代表するショッピングストリート

横川駅電停
横川一丁目電停
別院前電停
広島城周辺
エディオン
ピースウイング
広島
広島中央公園
寺町電停
ひろしまゲートパーク
原爆ドーム前電停
本川町電停
中区
十日市町電停
相生橋
広島バスセンター
そごう広島
広島西広島駅・広電宮島口駅
原爆ドーム
紙屋町西電
元安橋
本通
平和記念公園
本通り
袋町電停
広島平和記念資料館
平和大橋
ANAクラウンプラザホテル広島
平和記念公園周辺
中電前電停
市役所前電停
広島電鉄宇品線
元安川
鷹野橋電停
広島港電停
広島市役

賑やかな旅の玄関口
広島駅周辺
ひろしまえき

観光の拠点となる広島駅。新しくなった駅ビル「ekie」の中には、みやげ店から飲食店まで広島を感じる店舗が多数入っている。駅から徒歩圏内には広島東洋カープのホーム球場、マツダスタジアムもある。

> **観光のポイント** あまり時間がないときも駅ビルでご当地グルメを堪能

○広電（路面電車）乗り場があるJR広島駅南口は現在再開発中（写真は再開発前のもの）

広島市

東区

広島東照宮 卍

広域公園前駅
横川駅、宮島口駅
新白島駅
城北駅
アストラ
白島電停
家庭裁判所前電停
★広島城
広島県立美術館
縮景園前電停 ★縮景園
ひろしま美術館
女学院前電停
リーガロイヤルホテル広島
丁前駅
★広島県庁
立町電停
八丁堀電停
屋町東電停
広島電鉄本線
本通り商店街
本通り三越 SC
袋町小学校
平和資料館
★お好み村
★お好み共和国
ひろしま村

山陽新幹線
山陽本線
広島駅周辺
H ホテルグランヴィア広島
高速バス乗り場
広島駅 H シェラトングランドホテル広島
広島駅電停
広島電鉄白島線
猿猴橋町電停
稲荷大橋 猿猴橋
★世界平和記念聖堂
銀山町電停
胡町電停
稲荷町電停
的場町電停
新尾道駅前駅
尾道駅
呉駅
京橋川
MAZDA Zoom-Zoom スタジアム 広島
段原一丁目電停
本通り・流川・八丁堀周辺
オリエンタルホテル広島
南区
平和大通り
じぞう通り
駅前通り
広島電鉄宇品線
比治山下電停
★広島市現代美術館
猿猴川
千田公園
比治山橋電停
比治山公園
○広島港電停

交通information
周辺エリアから広島へのアクセス

電車・バス

JR宮島口駅	広電・宮島口駅
↓山陽本線で30分	↓広電（路面電車）で1時間10分
JR広島駅	広電・広島駅電停

※山陽本線で1時間30分新幹線利用（三原駅で福山駅乗り換えの場合）50分～1時間

↑広島空港リムジンバスで45分

↑広電（路面電車）で16分

広電・紙屋町西電停

広島バスセンター

↑高速バスフラワーライナーで1時間35分

広島空港

JR尾道駅

車

宮島口

↓西広島バイパス、国道2号経由20km

広島市街

広島東IC

↑山陽自動車道経由65km

尾道IC

問い合わせ先

観光案内
広島市観光案内所
☎082-247-6738
広島県観光連盟
☎082-221-6516

交通案内
広島電鉄 広島北営業所
（広島空港リムジンバス）
☎082-231-5171
広島バスセンター 総合案内所
☎082-225-3133
広島交通（フラワーライナー）
☎082-238-7755
ひろでんコールセンター（広島電鉄）
☎0570-550700
JR西日本お客様センター
☎0570-00-2486

5

街めぐりをもっと便利に

広電（路面電車）を利用する

路面電車を利用すれば、広島市内の主要な見どころは網羅できる。
宮島へのアクセスも容易だ。本数も多くて便利なので、積極的に乗車してみよう。

◯原爆ドーム前に電停が
あり、アクセスも簡単。
車窓からも望める

路面電車のルート

8本のルートで市内中心部を結ぶ広島
電鉄の路面電車「広電」。市内中心部で
あれば運賃は220円均一。広電西広島駅
から西は区間によって運賃が異なる。
また9号線のみを利用する場合は160円。

路面電車の乗り方、降り方

電車前部にある行き先表示で路線番
号と行き先を確認。入口扉から乗車し、
運賃は降車時に運賃箱へ（現金の場合）。
おつりは出ないので、両替は事前に行
う。乗り換える場合には降車時に電車
乗り換え券をもらう。

お得なチケットを探す

広電が1日乗り降り自由になる電車一
日乗車券（700円）と広電1日乗り降り自
由券と宮島松大汽船（宮島口～宮島）の
乗船券が付いた一日乗車乗船券（1000
円）がある。広島駅案内所や市内主要ホ
テルなどで販売している。

◯1957年製造の900形。もともとは大阪市電で使用されていた

広電と周辺路線図

↑混む時間帯は運行間隔が狭まる

行き先と主要区間

系統番号	運行区間	所要時間	運行間隔
1号線	広島駅～紙屋町東～広島港（宇品）	49分	12分
2号線	広島駅～紙屋町東・西～広電宮島口 ※1	70分	10分
3号線	広電西広島（己斐）～紙屋町西～広電本社前	33分	15分※2
5号線	広島駅～比治山下～広島港（宇品）	32分	12分
6号線	広島駅～紙屋町東・西～江波	39分	15分
7号線	横川駅～紙屋町西～広島港（宇品）	47分	12分
8号線	横川駅～土橋～江波	25分	15分
9号線	八丁堀～白島	8分	10分

※1 広島駅発広電宮島口行き（2号線）の始発時刻は6:28、広電宮島口発広島駅行き（2号線）の始発時刻は5:45、広電宮島口発広島駅行き（2号線）の終発時刻は22:03
※2 3号線は9:00～16:00の間、運行休止

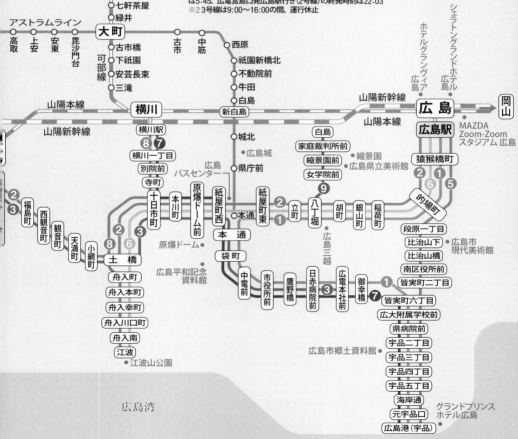

悲しみの記憶から平和への祈りを伝える

平和記念公園を歩く

（へいわきねんこうえん）

被爆後、「75年は草木も生えない」と
いわれた広島の中心部には、
緑豊かな公園があり、
平和のメッセージを発信している。

爆心地周辺を整備した公園内に
慰霊碑や資料館などの施設が集まる

　昭和20年（1945）8月6日、広島市街地の
上空で炸裂した原子爆弾は、一瞬のうちに
街を壊滅させ、多くの人命を無残に奪い去
った。戦後、爆心地に近い広大な土地は、
水と緑に囲まれた公園へと変貌。原爆死没
者を慰霊し、世界恒久平和を祈念する場所
に生まれ変わった。

　園内には、原爆ドームや広島平和記念資
料館、広島国際会議場のほか、数々の慰
霊碑が点在。海外からも大勢の人々が訪
れ、唯一の被爆国である日本が平和の尊さ
を訴える拠点となっている。

平和記念公園周辺 **MAP** 付録P.10A-3
●平和記念公園の基本
☎082-247-6738（広島市観光案内所）
所広島県広島市中区中島町1および大手町1-10
開休料入園自由
Pなし
●路面電車でのアクセス
広電・広島駅電停から広電・原爆ドーム前電停まで広電
宮島口行きまたは江波行きで約16分

お役立ちinformation

川から平和記念公園を眺める

ひろしまリバークルーズ（川の遊覧船）
元安桟橋から乗船し、元安川～本川を約25分かけて遊
覧。原爆ドームや平和記念公園周辺の街を船上から眺
める。船長のガイド付き。
☎082-258-3188（リバーシークルーズ）　営10:00～
15:40　休水曜（祝日の場合は運航）
※潮位により運休の場合あり　料1500円

◀JR西広島駅方面

原爆の子の像
げんばくのこのぞう

白血病により12歳
で逝去した佐々木
禎子さんをはじめ
原爆によって命を
奪われた子どもた
ちに捧げる慰霊碑。
世界中から折り鶴
が寄せられている。

広島平和記念資料館
ひろしまへいわきねんしりょうかん

原爆による被害の実相を伝える施設。
➡P.65

原爆死没者慰霊碑（広島平和都市記念碑）
げんばくぼっしゃいせいひ（ひろしまへいわとしきねんひ）

原爆で壊滅した広島
市を、平和都市とし
て再建することを
願って設立。「安ら
かに眠って下さい過
ちは繰返しませぬか
ら」と刻まれている。

◀宮島方面

世界遺産航路
平和記念公園（原爆ドーム）と宮島を結ぶ高速船。広島
の景色を楽しみながら、乗り換えなしで手軽に行き来が
できる。乗船時間は約45分。
☎082-240-5955（アクアネット広島）　営8:30～17:30
休無休　※潮位により運休の場合あり
料片道2200円、往復4000円

公園内をガイドが解説

●ヒロシマ ピース ボランティア
平和記念公園内の慰霊碑などをボラ
ンティアガイドが無料で解説。所要時
間は1時間～1時間30分ほど。広島平
和記念資料館内の移動解説は2023
年11月現在、休止中。☎082-541-
5544（広島平和記念資料館啓発課）
開10:30～15:30（受付は～14:30、1
年前～1週間前までに要予約、当日受
付も可）　休12月30日・31日、当日の
状況により休止の場合あり　料無料

散策のポイント

園内には多くの慰霊碑が点在。ガイドとともに巡れば、戦争や歴史を深く知ることができる

公園は美しく、周辺にはカフェや休憩所も。人々の希望を感じ、穏やかな時間を過ごしたい

相生橋
あいおいばし

特徴的なT字の形をしており、投下の目印にされたという。

原爆ドーム
げんばくドーム

平和への願いの象徴。 ➡P.64

広島城
ひろしまじょう

広島の歴史を今に伝える。 ➡P.66

エディオンピースウイング広島
エディオンピースウイングひろしま

2024年開業予定のサッカースタジアム。 ➡P.16

JR広島駅方面 ▶

ひろしまゲートパーク

新球場(P.67)完成まで広島東洋カープの本拠地だった場所が2023年にイベント広場としてリニューアル。商業施設も隣接している。 ➡P.16

平和記念公園

ひろしまリバークルーズ(川の遊覧船)、世界遺産航路乗り場

平和の灯
へいわのともしび

世界恒久平和の願いを込めた火。昭和39年(1964)の点火以来、核兵器廃絶の日まで燃え続ける。

平和大通り

平
和
記
念
公
園
を
歩
く

8月6日、平和への祈りを世界に届ける

毎年8月6日には、原爆死没者の冥福と世界平和を願う行事が数多く開催される。誰もが自由に参加できるイベントも多い。

平和記念式典

原爆死没者の霊を慰め、世界恒久平和の実現を祈念する式典。午前8時15分に黙とうが行われ、広島市長による「平和宣言」が世界各国に向けて発信される。
☎082-504-2103
(広島市市民局市民活動推進課)

ピースメッセージ
とうろう流し

戦没者への冥福を祈り、平和への思いを込めて流す「とうろう」が元安川を静かに照らす。川面に揺れる約7000個の灯りが幻想的。
☎082-245-1448
(とうろう流し実行委員会)
※イベントの詳細はHPを確認

平和の尊さを伝える広島のシンボル

原爆ドーム
げんばくドーム

痛々しい姿で原爆の惨禍を伝え
世界の核兵器廃絶を訴え続ける

爆心地から約160mの至近距離で被爆し、凄まじい爆風と熱線を浴びて大破。中心部は奇跡的に倒壊を免れたものの、壁はほとんど崩れ落ち、内部にいた人々は全員即死したといわれている。現在も被爆当時の姿をとどめ、原爆の恐ろしさを伝えている。

平和記念公園周辺 **MAP** 付録P.10 B-2

☎082-247-6738（広島市観光案内所）
所広島県広島市中区大手町1-10 平和記念公園内
開休料見学自由（外観のみ）
交広電・原爆ドーム前電停から徒歩1分 Pなし

被爆前のドームの姿

大正4年（1915）、広島県物産陳列館として開館。チェコの建築家ヤン・レツル氏の設計によるレンガ造りのモダンな建物で、広島名所のひとつだった。

〈提供：広島平和記念資料館〉

⬆被爆の惨禍を伝える歴史の証人として、世界遺産に登録されている

立ち寄りスポット

Caffè Ponte ITALIANO
カフェ ポンテ イタリアーノ

地元野菜を筆頭に、食材にこだわったイタリア料理が味わえる。通年で提供される広島産生ガキや、高温短時間で焼き上げるナポリピッツァは必食。オープンテラスで、気持ちのよいひとときを。

平和記念公園周辺
MAP 付録P.10 B-2

☎082-247-7471 所広島県広島市中区大手町1-9-21 営10:00（土・日曜、祝日、8月8:00）〜22:00（LO21:00）休無休 交広電・原爆ドーム前電停から徒歩3分 Pなし

⬆焼ガキのエスカルゴ風（5ピース）1980円（奥）、生ハムとルッコラのピッツァ（レギュラー）1980円（手前）

➡平和記念公園のすぐ近く

4

惨劇を示す被爆資料の数々

広島平和記念資料館
ひろしまへいわきねんしりょうかん

↑当時3歳だった男の子の三輪車
〈寄贈：銕谷信男氏 提供：広島平和記念資料館〉

↑黒こげになった弁当
〈寄贈：折免シゲコ氏 提供：広島平和記念資料館〉

↑世界平和記念聖堂とともに戦後建築初の重要文化財となった建物(本館)

平和記念公園の中核となる施設
生々しい資料から原爆の恐るべき実態を知る

原爆被害の実相を伝えるため、昭和30年(1955)に開館した。被爆の惨状を物語る写真や模型、被爆者の遺品など、貴重な資料を展示。本館は2019年にリニューアルオープンした。

平和記念公園周辺 **MAP** 付録P.10A-3
☎082-241-4004 ⊕広島県広島市中区中島町1-2
⊕8:30〜16:30(時期により異なる) ⊗無休(展示入替に伴う臨時休館あり) ⊕200円 ⊗広電・原爆ドーム前電停から徒歩10分
Ⓟなし

ミュージアムショップ
原爆、平和に関する書籍やDVD、絵はがきなど豊富な種類のグッズを販売。

○ ピンバッジ
(原爆ドーム)
470円

— フロアマップ —
フロアイメージ図〈提供：広島平和記念資料館〉

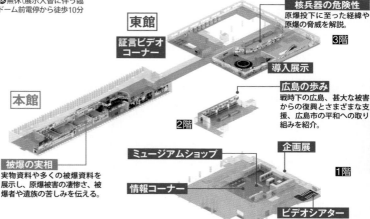

核兵器の危険性
原爆投下に至った経緯や原爆の脅威を解説。

東館
証言ビデオコーナー

導入展示

3階

広島の歩み
戦時下の広島、甚大な被害からの復興とさまざまな支援、広島市の平和への取り組みを紹介。

本館

2階

企画展

ミュージアムショップ

情報コーナー

ビデオシアター

1階

被爆の実相
実物資料や多くの被爆資料を展示し、原爆被害の凄惨さ、被爆者や遺族の苦しみを伝える。

平和への祈りを込めたスポット

被爆した校舎の一部を保存
袋町小学校 平和資料館
ふくろまちしょうがっこう へいわしりょうかん

本通り周辺 **MAP** 付録P.10C-3

爆心地から約460mの位置にある小学校の西校舎を、資料館として開放。児童や教職員の安否を知らせる伝言が、当時のまま残されている。

☎082-541-5345 ⊕広島県広島市中区袋町
6-36 ⊕9:00〜17:00 ⊗12月28日〜1月4日
⊕無料
⊗広電・袋町電停から徒歩3分
Ⓟなし

→焼けた壁を黒板代わりにして伝言を書いた

原爆犠牲者の追悼と平和を祈る
世界平和記念聖堂
せかいへいわきねんせいどう

平和記念公園周辺 **MAP** 付録P.11F-2

広島で被爆したラサール神父(のちに国籍を取得し愛宮真備と名乗る)が戦争犠牲者の追悼と世界平和を祈るため献堂。市民や世界各地の支援を受け完成したカトリック教会の聖堂。

☎082-221-0621 ⊕広島
県広島市中区幟町4-42
⊕9:00〜17:00(教会行事の
場合は見学不可) ⊗無休
⊕無料 ⊗広電・銀山町電
停から徒歩5分 Ⓟなし

→建築家・村野藤吾氏が設計した聖堂

平和記念資料館の附属施設
シュモーハウス

江波 **MAP** 付録P.2B-3

米国の平和活動家フロイド・シュモー氏が被爆者のために建てた集会所を改修。広島に寄せられた海外からの支援を紹介する施設となった。

☎082-241-4004(広島平和記念資料館 学芸課)
⊕広島県広島市中区江波二本松1-2-43 ⊕9:00
〜17:00 ⊗月曜(祝日、8月6日の場合は開館)、
祝日の翌平日 ⊕無料 ⊗皿山公園下バス停から徒歩1分 Ⓟなし

シュモーハウス

→解説員による30分ほどのガイドは原則2週間前までに要予約

〈提供：広島平和記念資料館〉

もっと見たい、広島の見どころ

史跡とアートを巡り 100万都市を深掘り

余裕のあるスケジュールならぜひこちらへ。
歴史や文化を感じる大人の時間を過ごせるはず。

↪天守閣内部は、武家文化をテーマとした歴史博物館や展望室となっている

広島城
ひろしまじょう

広島城周辺 **MAP** 付録P.8 C-1

再建された天守閣から広島の街並みを一望

豊臣秀吉の五大老のひとり、毛利輝元が築城。江戸時代には福島氏、浅野氏が居城した。昭和6年(1931)に国宝に指定された天守閣は、原爆により全壊。現在の天守閣は昭和33年(1958)に復元された。

☎082-221-7512
所広島県広島市中区基町21-1 時9:00～18:00(入場は～17:30)
※時期により異なる
休無休(臨時休館あり)
料370円 交広電・紙屋町東電停から徒歩15分
Pなし

↪天守閣最上階の展望室から見渡す風景

広島城の隣に位置する神社

広島護国神社
ひろしまごこくじんじゃ

郷土の戦没者を祀る神社として広島城跡に鎮座。広島カープの必勝祈願でも知られている。

↪初詣は約60万人の参拝者が訪れる

広島城周辺 **MAP** 付録P.8 B-1
☎082-221-5590 所広島県広島市中区基町21-2 時9:00～16:30
休無休 料無料 交広電・紙屋町東電停から徒歩10分 Pあり

縮景園
しゅっけいえん

広島城周辺 **MAP** 付録P.9 D-1

趣向を凝らした風雅な名庭

元和6年(1620)、広島藩主・浅野長晟が、茶人として知られる家老の上田宗箇に作庭させた別邸の庭園。大小の島が浮かぶ池の周囲に、山、渓谷、茶室などを配した回遊式庭園で、池の中央に架かる石造りの跨虹橋は、独特のアーチ型が美しい。

☎082-221-3620
所広島県広島市中区上幟町2-11
時9:00～18:00(9/16～3/15は～17:00、入園は各30分前まで) 休無休
料260円(広島県立美術館との共通割引券あり) 交広電・縮景園前電停から徒歩1分 Pあり

↪国の名勝に指定(上)、四阿「超然居」へ渡る観瀾橋(下)

↪中国杭州の景勝地、西湖を模して築庭されたとも伝えられる

旅先で出会う感動。アーバン・アートスポット

収蔵テーマもそれぞれに特徴があり、気分に合わせて選ぶのもよし。じっくり鑑賞したい。

→円形のデザインが特徴的な本館ホール

ひろしま美術館
ひろしまびじゅつかん

印象派の作品が多数
印象派を中心とするフランス近代美術や日本近代美術などを収蔵、そのうち約80点を常設展示。多彩な企画展にも注目が集まる。

広島城周辺 **MAP** 付録P.10 C-1
☎082-223-2530 住広島県広島市中区基町3-2 営9:00〜16:30
休月曜(祝日の場合は翌平日、特別展会期中は開館) 料特別展により異なる 交広電・紙屋町西または東電停から徒歩5分 Pなし

→昭和53年(1978)に広島銀行が設立した美術館

→ルドン『ペガサス、岩上の馬』

→モネ『セーヌ河の朝』

→ゴッホ『ドービニーの庭』

広島県立美術館
ひろしまけんりつびじゅつかん

緑豊かな縮景園に隣接
工芸作品や絵画、彫刻など5000点以上を収蔵。年4回の展示替えを行うほか、特別展も開催。ロビーから隣の縮景園が望める。

広島城周辺 **MAP** 付録P.11 F-1
☎082-221-6246 住広島県広島市中区上幟町2-22 営9:00〜16:30(金曜は延長あり) 休月曜(特別展によっては会期中の祝日、振替休日は開館) 料510円(特別展は別料金、縮景園との共通割引券あり) 交広電・縮景園前電停から徒歩1分 Pあり

→開放的な彫刻展示スペース。このほか、4つの常設展示室がある

→重要文化財『伊万里色絵花卉文輪花鉢』(17世紀後半)

→『伊万里柿右衛門様式色絵馬』(17世紀後半)

Photo: SATOH PHOTO Kazunari Satoh

広島市現代美術館
ひろしましげんだいびじゅつかん

多様な現代アートを紹介
日本初の公立現代美術館として平成元年(1989)に開館。1700点以上の現代美術作品を収蔵する。さまざまなイベントも開催。

比治山公園 **MAP** 付録P.9 D-3
☎082-264-1121 住広島県広島市南区比治山公園1-1 営10:00〜17:00(入館は〜16:30) 休月曜(祝日と8/6の場合は翌平日) 料350円(特別展は別料金) 交広電・比治山下電停から徒歩10分 Pあり(比治山公園駐車場利用)

→建物は建築家・黒川紀章が設計

→ヒロシマに関連した作品も充実のコレクション展示

Photo: Kenichi Hanad

野球ファン必訪の場所

バラエティに富んだユニークな観客席が大人気

MAZDA Zoom-Zoom スタジアム 広島
マツダ ズーム ズーム スタジアム ひろしま

広島東洋カープの本拠地。寝そべって観戦できる「寝ソベリア」や畳敷きの「鯉桟敷」など、個性的な観客席がある。球場を一周できるコンコースも設置。

広島駅周辺 **MAP** 付録P.9 F-3
☎082-554-1000(広島東洋カープ) 住広島県広島市南区南蟹屋2-3-1 営試合により異なる 休不定休 料球場見学1500円〜(要申込) 交JR広島駅から徒歩10分 Pあり(試合開催時のみ、要予約)

→北側に大きく開けた開放的な設計。観客席は大リーグ球場並みのゆとりあるサイズ

平和都市・広島の歩みと未来

ゼロからの再出発を経て、今。

安芸国、備後国として誕生し、やがて広島市へ。商業で栄え、近代都市へと発展を遂げた地。
原爆投下という悲惨な出来事を乗り越え、平和都市として歩んでいる広島の歴史をたどる。

13〜19世紀　戦闘が繰り広げられた乱世
中世・近世の広島

鎌倉〜室町の世、実権は武田氏から毛利氏へ
毛利・福島・浅野氏が都市発展の礎を築いた

　源平の戦いを経て、源氏が鎌倉に武家政権を確立した鎌倉時代。甲斐国の武田氏は、承久3年(1221)承久の乱で幕府側に勝利をもたらす大手柄を立て、安芸国を得た。武田氏は現在の安佐南区武田山に銀山城・別名武田城を築き、安芸国守護職としてこの地を治めた。

　室町時代に入ると、武田氏は周防国の大名・大内氏と激しい勢力争いを繰り広げる。天文10年(1541)に武田氏は滅亡。大内氏も側近・陶晴賢の謀反により衰退し、代わって毛利氏が勢力を伸ばす。

　弘治元年(1555)厳島合戦で毛利元就は陶晴賢に勝利し、中国地方一帯に勢力を拡大。豊臣秀吉が天下を統一した安土桃山時代も、毛利氏は安芸高田市の郡山城に本拠を置く有力大名として安芸国を支配した。天正17年(1589)、3代目毛利輝元は海陸要衝の地に本拠を移す必要性に迫られ、太田川デルタを干拓して築城を開始する。そして城下町を建設し、この地を広島と命名した。慶長5年(1600)関ヶ原の戦いで毛利輝元が敗れると、代わって領主になったのは福島正則である。江戸時代、福島氏は城下町や街道の整備にあたったが、広島城を無断修築した罪に問われ改易される。その後浅野氏の手に移り、明治に至るまで安芸国は商業地として発展した。

毛利元就
もとは安芸国の一領主にすぎなかったが、山陰地方で力を持っていた尼子氏や、大内義隆に反旗を翻した陶氏を滅ぼし、中国地方を平定。112万石の大大名となった。3人の子に残した「三矢の訓」が有名。元亀2年(1571)、病のため75歳で没した。〈毛利博物館蔵〉

19〜20世紀　西日本随一の経済都市
近代都市への変貌

戦争が広島を軍事基地として発展させた
都市整備が進み、街はいっそう近代的な様相に

　嘉永6年(1853)のペリー来航を発端に日本国内には大動乱が起こる。そして慶応4年(1868)江戸から明治へと移り変わると、広島も近代都市へと歩み始める。

　江戸時代に干拓が続けられた地域には橋や道路が新たに整備され、商業の街としていっそうの賑わいをみせた。明治22年(1889)に公布された市制により、全国で最初の市のひとつとして広島市が誕生した。

　さらに明治27年(1894)に起こった日清戦争では、広島は兵士や兵器を大陸に送り出す輸送基地の役割を果たし、さらなる経済的発展を遂げた。明治37年(1904)には日露戦争も勃発。軍の関連施設が設置され軍都の性格を強める一方、上下水道の普及や市内電車の開通など都市施設の整備も進み、大正末期、街の様相は近代的姿に変わった。

　昭和に入ると広島港の修築とともに、埋め立て地を臨海工業地帯にする事業も始まった。昭和12年(1937)には日中戦争が、昭和14年(1939)には第二次世界大戦が勃発。それに伴って広島では軍事施設の新設や拡充がさらに行われ、造船など軍需産業が盛んになる。軍事基地としての重要性を高めるとともに、昭和20年(1945)の大戦終結まで、広島港からは全国の兵士が海外へ送り出された。

広島を知るためのスポット

頼山陽史跡資料館
らいさんようしせきしりょうかん
本通り周辺 **MAP** 付録P.10 C-3
頼山陽をはじめ、江戸時代の広島の歴史と文化に関するさまざまな資料を展示している。

☎082-298-5051　**所**広島県広島市中区袋町5-15　**時**9:30〜17:00(最終入館16:30)　**休**月曜(祝日の場合は翌日)　**料**常設展200円、特別展300円　**交**広電・袋町電停から徒歩1分　**P**あり

20世紀 世界最初の核爆弾による被害

原子爆弾の投下

第二次世界大戦末期、アメリカ軍が原爆を投下
一瞬にして広島は破壊された

　第二次世界大戦において日本の敗戦が濃厚になっていた昭和19年(1944)、アメリカ軍は日本を対象にした人類史上最初の原子爆弾使用を決定する。そして昭和20年(1945)8月6日午前8時15分、B29爆撃機エノラ・ゲイは広島市中心地に原爆を投下した。

　地上600m上空で炸裂した原爆は、強烈な爆風と熱線、放射線を四方へ放射し、市は一瞬にして廃墟と化した。そして数えきれない人々が犠牲になった。死者数は14万人ともいわれるが、現在も正確にはわかっていない。放射能を帯びた黒い雨が街中に降り注ぎ、被爆後も人体に深刻な被害をもたらした。爆心地に近い中島地区は広島随一の繁華街であったが全壊。焼け跡には戦後、平和記念公園が整備され、広島平和記念資料館が原爆の悲惨さを伝える。

20世紀 復旧を遂げ、100万人都市へ

戦後の復興

人類最初の原爆の惨禍を経験したヒロシマ
平和に向けたメッセージを発信し続ける

　昭和20年(1945)8月15日、日本はポツダム宣言を受け入れ戦争は終結した。原爆によって破壊され、70年間は不毛の地であるといわれた広島。しかし被爆直後から救護活動が行われ、生活の復興が始まる。昭和24年(1949)には広島平和記念都市建設法が公布され、道路や住宅などの整備が本格的に進められた。苦難の歴史を乗り越えた広島市は戦後見事な復興を遂げ、昭和55年(1980)、全国で10番目の政令指定都市となる。その後原爆ドームがユネスコ世界遺産に登録。平和都市としてさまざまな活動も行われている。

広島市郷土資料館
ひろしましきょうどしりょうかん
宇品 **MAP** 付録P.2A-2
赤レンガ造りの戦前の建物が目を引く資料館。広島の伝統的な地場産業や人々の暮らしが学べる。

☎082-253-6771　📍広島県広島市南区宇品御幸2-6-20　🕘9:00～17:00(入館は～16:30)　🚫月曜(12・1月は月・火曜)、祝日の翌平日　💴100円　🚋広電・宇品二丁目電停から徒歩5分　🅿あり

広島 歴史年表

西暦	元号	事項
618	推古天皇26	安芸に派遣された造船の使者によって船が造られる。この頃、安芸国(現在の広島県西半部)や備後国(現在の広島県東部)が置かれる
1146	久安2	平清盛が安芸守となる
1221	承久3	武田氏が安芸国守護に任じられる
1541	天文10	安芸国守護の武田氏が大内氏に攻められ、滅亡
1555	弘治元	毛利元就が厳島合戦で陶晴賢を破る
1589	天正17	毛利輝元が広島城の築城を開始し、城下町を「広島」と命名する
1591	天正19	広島城⇒P.66が完成。毛利輝元入城
1601	慶長6	関ヶ原の戦いで減封され、広島を去った毛利氏に代わって福島正則が広島城に入る
1619	元和5	広島城を無断修築した罪で福島正則が改易され、浅野長晟が広島城に入る
1871	明治4	廃藩置県によって広島県、福山県、中津県などが成立する
1894	明治27	糸崎・広島間の山陽鉄道が開通 日清戦争の指揮のため広島に大本営を設置
1945	昭和20	広島市に原子爆弾が投下される
1949	昭和24	広島市が平和記念都市になる(広島平和記念都市建設法が可決)
1950	昭和25	プロ野球、広島カープ球団結成
1952	昭和27	広島平和都市記念碑(原爆死没者慰霊碑)の除幕式が行われる
1955	昭和30	広島平和記念資料館⇒P.65が開館
1957	昭和32	旧広島市民球場が完成し、広島カープの本拠地として使用される
1975	昭和50	長崎市と平和文化都市提携を結ぶ 広島東洋カープがセ・リーグで初優勝
1977	昭和52	第1回ひろしまフラワーフェスティバル開催
1980	昭和55	広島市が政令指定都市になる
1981	昭和56	ローマ法王が広島を訪れ、平和記念公園から世界へ向けて「平和アピール」を発表
1993	平成5	広島空港(三原市)が開港
1996	平成8	厳島神社と原爆ドーム⇒P.64が世界文化遺産に登録される
1999	平成11	瀬戸内しまなみ海道開通
2002	平成14	国立広島原爆死没者追悼平和祈念館が開館
2003	平成15	太田川花火大会を統合し、広島みなと夢花火大会として初開催
2006	平成18	広島平和記念資料館(本館)と世界平和記念聖堂が国の重要文化財に指定される
2007	平成19	平和記念公園⇒P.62が国の名勝に指定される
2009	平成21	MAZDA Zoom-Zoom スタジアム広島⇒P.67竣工式が開催
2010	平成22	ノーベル平和賞受賞者世界サミットが開催

白いカキフライ
1個770円〜（時価）
広島県主導の元開発されたカキフライ。高い調理技術が実現する極上の味わいだ

旅のスタイルに合わせ食べ方もさまざま

海の恵みに感謝してカキ料理の宴

全国1位の生産量を誇る広島のカキ。
ニューオープン店や新メニューが登場する店が続々。

↑入りやすいカジュアルなお店

↑ カキ料理専門店で研鑽を積んだオーナーシェフの安原英志さん

↑江田島産の各種オリーブオイルも、店の料理を支える立役者

素材を熟知したシェフ渾身の
名物・白いカキフライ

オリーブオイルとチーズのお店 LUCIO

オリーブオイルとチーズのおみせ ルチオ

流川・八丁堀周辺 **MAP** 付録P.11 F-4

地産地消を掲げ、地元客にも親しまれているイタリアンバル。身のむき方や衣のつけ方を試行錯誤したカキフライは、低温で揚げたその白さが特徴。まずはそのまま、瀬戸内海の塩の味だけでどうぞ。

予約 可
予算 D4500円〜

☎082-546-9775
所広島県広島市中区西平塚町8-5 第20マントクビル1F 営18:00〜23:00（LO22:00）休日曜 交広電・銀山町電停から徒歩7分 Pなし

↑日替わりでお目見えするチーズをお供に、ラフにワインを

幅広い世代から愛される
広島郷土料理の名店
酔心本店
すいしんほんてん

本通り周辺 **MAP** 付録P.11 D-3

中区立町の本店をはじめ、県内各所に店舗を持つ老舗有名店。名物の釜めしは、カツオ節と昆布のだしを効かせた薄味。冬季〜3月頃まで味わえるカキの土手鍋定食を注文し、白い釜炊きご飯をカキ釜飯に変更すれば、カキ三昧の定食が楽しめる。

↖2階はテーブル席中心

☎082-247-4411
所広島県広島市中区立町6-7
営11:30〜22:00(LO20:30)
休水曜(祝日は営業) 交広電・立町電停から徒歩2分
Pなし

予約	不要

予算	
Ⓛ	1500円〜
Ⓓ	4000円〜

生ガキ
食べ比べセット
1980円〜(3種)
産地ごとに個性の異なるカキを食べ比べできるセット。広島産レモンと本わさびでどうぞ

国内外から取り揃えたカキを
ジャンル多彩に味わえる
Hiroshima Oyster bar
MABUI Fukuromachi
ヒロシマ オイスター バー マブイ フクロマチ

本通り周辺 **MAP** 付録P.10 C-3

生ガキは常時10種類以上、国内外から届いたものがずらりと並ぶ。10〜3月は広島産の生ガキが味わえるほか、蒸しガキやカキフライなど、さまざまにアレンジされたカキメニューが多数揃っている。食べ比べセットでバリエーションごとに味の違いを楽しむのもおすすめ。

☎082-249-2490
所広島県広島市中区袋町2-26 営11:30〜15:00(LO14:30) 17:00〜24:00(LOフード23:00) 土・日曜、祝日11:30〜24:00(LOフード23:00) 休不定休
交広電・本通電停から徒歩5分 Pなし

↖カキ料理以外にもパスタやリゾットも取り揃えている

牡蠣づくし御膳
3980円
カキの釜飯と土手鍋に前菜と刺身が付く。土手鍋は八丁味噌と白味噌をブレンドした味噌が香る

平和公園と川辺の景色が一望できる店内

予約	望ましい

予算	
Ⓛ	3630円〜
Ⓓ	7700円〜

↖船での食事で非日常を体験

穏やかな川面を眺めながら
上質なカキ料理を
かき船 かなわ
かきふね かなわ

平和記念公園周辺 **MAP** 付録P.10 B-3

平和記念公園のそば、元安橋のたもとに浮かぶ、60年以上の歴史を持つ日本料理店。透明度が高く美しい瀬戸内の海域でていねいに育てられたカキを一年中採れたてでいただけるのはもちろん、肉や魚、野菜など、瀬戸内の幸をたっぷり堪能できるコースもあり贅沢に味わいたい。

☎082-241-7416
所広島県広島市中区大手町1地先
営11:00〜14:30(LO)※2階は〜14:00(LO)
17:00〜20:00(LO) 休無休
交広電・原爆ドーム前電停から徒歩5分
P契約駐車場あり

広島三昧コース 7700円
カキのほか竹原牛や瀬戸内の鮮魚など、広島の幸がぎゅっと詰まったコース

名シェフの手によって
鮮やかに彩られる旬魚介

MILLE
ミル

白島 **MAP** 付録P.8 C-1

国際料理大会3位の実力を持つシェフが営む、一軒家を改装した隠れ家的レストラン。シェフ自ら市場に出向いて仕入れる新鮮な魚介や野菜を使ったフレンチを味わうことができる。味、食感、香りのバランスを考えて生み出される皿の数々。芸術的ともいえる美しい盛り付けとともに堪能したい。

☎082-836-3600
所広島県広島市中区西白島町12-16
営11:30〜14:00(LO12:30)
18:00〜21:00(LO18:30)
休水曜、ほか不定休
交JR新白島駅から徒歩4分　Pなし

予約	要
予算	Ⓛ6050円〜
	Ⓓ1万1550円〜

ランチコース6050円〜
ディナーコース
1万1550円〜

メイン料理の一例。数種類の瀬戸内海産魚介を大胆にもソーセージにアレンジ。広島県産の季節野菜とともに

◉家に招かれたような空間で、リラックスしながらフレンチを味わえる(左)、真っ白な壁の外観(右)

スタイリッシュな空間で味わう美食の競宴

瀬戸内の魚介を贅沢に満喫

瀬戸内海で獲れる豊富な種類の魚介を、目利きの料理人たちが選んで調理。
素材の味を引き出し、見た目にも美しい料理は、地酒との相性もぴったり。

はしり・旬・なごりを
大切にした料理を堪能

日本料理 喜多丘
にほんりょうり きたおか

予約	要
予算	Ⓓ1万3000円〜

牛田 **MAP** 付録P.2 A-1

こちらで堪能できるのは、食材の「はしり・旬・なごり」を大切にしたコース料理。その日に瀬戸内海で獲れた魚を使い、吸い物や唐揚げ、煮付けなど、一匹をさまざまな調理法で提供する。一品一品を通して、四季折々の恵みとその魅力を余すところなく味わえる一軒だ。

☎082-227-6166
所広島県広島市東区牛田本町
3-2-20牛田グランドハイツB1
営17:00〜22:00
休日曜、祝日
交JR新白島駅から徒歩15分
Pなし

◉部屋は3室。椅子や座椅子も用意する

◉館内のしつらえには、季節感を演出

コース料理(一例)

八寸、小鯛の塩焼き、メバルの煮付けなどコース料理の一例。カウンター席では1万3000円〜、部屋では1万5000円〜

太刀魚炙り造り 980円
鼻に抜ける香ばしい香りと
しっかりした歯ごたえで、噛
むごとに旨みがじわり

広島の四季を盛り込んだ
海の幸・山の幸をどうぞ
四季祭
しきさい

予約	望ましい（ランチは完全予約制）
予算	L 2500円〜
	D 4000円〜

流川・八丁堀周辺 **MAP** 付録P.11 E-2
店主自らが市場に赴き、目利きした食材を使った和食が
人気。卵や米、調味料、水にまでこだわり、旬の食材をた
っぷり使った季節感あるメニューはどれも素材の味を存
分に引き出している。広島の地酒との相性も抜群だ。
☎082-225-5753
所広島県広島市中区幟町12-10 幟町ビル2F
営17:00〜品切れ次第終了（ランチは応相談、完全予約制）
休不定休 交広電・八丁堀電停から徒歩3分 Pなし

↑こちんまりと落ち着く雰囲気

↑知る人ぞ知る名店

斬新な手法で味わう
広島ならではの懐石料理
RIVA
リヴァ

| 予約 | 要 |
| 予算 | D 6600円〜 |

流川・八丁堀周辺 **MAP** 付録P.11 E-3
シンプルかつ斬新な手法で広島な
らではの懐石料理を提案する。魚
介や肉など山陰や広島の素材をふ
んだんに使用したコースは、毎月
内容が変わる。
☎082-545-5360
所広島県広島市中区新天地1-17
営17:00〜23:00（フードLO22:00 ドリン
クLO22:30）
休無休 交広電・八丁堀電停から徒歩3分
Pなし

↑個室がメインでゆったりく
つろげる空間

エマニュエル・リヴァ
オマージュ
8100円
全18品を懐石料理のように
ひと皿ずつサーブ。コースの
最後は抹茶と上生菓子

お造り盛り合わせ
1480円
地穴子や地ダコといった旬の
魚介10種類前後に、造りの内
容に合う地酒も一緒に提供

和モダン空間で着物姿
のスタッフのもてなしを

島の漁師から直送される
獲れたて魚介に舌鼓
いちりん

本通り周辺 **MAP** 付録P.11 D-4
海底が深くエサが豊富な瀬戸
内海豊島沖で獲れた魚介を漁
師から直接仕入れている。鮮
度抜群の魚介は地酒とともに
刺身などの一品料理で味わう
ことができる。また、魚介の
ほかにも自社農園で収穫する
野菜や肉など、食材は地元産
を中心に使用。広島の味を心
ゆくまで堪能したい。
☎082-247-3697
所広島県広島市中区三川町
10-12 STビル2F
営17:00〜23:30（LO23:00）
休不定休 交広電・八丁堀電停
から徒歩7分 Pなし

予約	可
予算	
	D 4500円〜

カウンター席のほか、テーブル席もある

広島 お好み焼 プレミアム ①

知名度はもはや全国区。並んでも食べたい味
広島を代表する名店へ

薄く焼いた生地にたっぷりのキャベツや麺を重ね、香り高いソースで仕上げる。長く愛される名店で、広島市民の心を離さない味わいを楽しみたい。

創業時から変わらない味
いつも活気にあふれる名店

麗ちゃん
れいちゃん

広島駅 MAP 付録P.9 E-2

昭和32年(1957)創業。ekieダイニング内にあり、開店前から行列のできる人気店。しっとりとした食感の生麺を使い、隠し味にケチャップを加えて炒めるのがポイント。一銭洋食として親しまれた時代の名残で、二つ折りにして提供するのもこだわりのひとつ。

注目サイドメニュー
◎ スルメイカを使うイカの鉄板焼き900円は、噛むほどに旨みが出る

☎ 082-286-2382
所 広島県広島市南区松原町1-2 ekie1F
営 11:00〜21:00(LO)
　金・土曜は〜21:20(LO)
休 ekieに準ずる
交 JR広島駅ビル内　P なし

おすすめメニュー
肉玉そば 920円
豚肉卵焼き 800円
小エビの卵巻き 900円

◎ 広島駅新幹線口ekieダイニング内にあり、ひとりでも入りやすい

スペシャル 1550円
しっかりと押さえて焼くお好み焼に、生エビと生イカ(スルメイカ)を加えた食べ応えのある一品

素材にも焼きにもこだわる
忘れられない一枚を

薬研堀 八昌
やげんぼり はっしょう

☎082-248-1776
所広島県広島市中区
薬研堀10-6
営16:00〜22:30
（日曜、祝日は〜21:00）
休月曜、第1・3火曜
交広電・銀山町電停か
ら徒歩6分　Pなし

流川・八丁堀周辺 **MAP** 付録P.11 E-4

キャベツの甘みを最大限に引き立てるため、およそ20分弱火でじっくりと焼き上げるお好み焼は、広島っ子も唸る味で全国にファンも多い。麺はソースに絡みやすい特製麺に、さらに卵は二黄卵を使い半熟とろとろに。すべてのバランスが絶妙な一枚だ。

おすすめメニュー

カキ（11〜3月）
985円
スジポン
550円
とんぺい焼き
770円

そば肉玉 930円
地元の人が愛すスタンダードなお好み焼。外はカリッと、中はモチッとしたそばの食感が◎

↑青い暖簾が目印

↑鉄板前のカウンター席のほか、奥には座敷席もあり

オープンと同時に満席!
昭和25年(1950)創業の老舗

みっちゃん総本店
八丁堀本店
みっちゃんそうほんてん はっちょうぼりほんてん

本通り周辺 **MAP** 付録P.11 E-2

終戦間もない広島で屋台からスタートしたお好み焼店。キャベツの甘みを引き立てるため、あえて小麦粉と水だけで作ったシンプルな生地をふた代わりにふっくらと焼き上げる。オリジナルのお好みソースがベストマッチ!

☎082-221-5438
所広島県広島市中区八丁堀6-7
チュリス八丁堀1F
営11:30〜14:30 17:30〜21:00（LOは各30分前）
休木曜　交広電・八丁堀電停から徒歩5分
Pなし

↑広島屈指の名店だけに、全国から多くの客が訪れる

注目サイドメニュー
↑広島名産カキをジューシーに焼き上げた人気メニューカキ焼き1150円

おすすめメニュー

そば肉玉子 930円
特製スペシャル 1700円
カキ入りそば肉玉子 1720円

スペシャル 1400円
肉玉そばをベースに、生イカ、生エビをプラスしたボリューム満点で人気の逸品

地元の人に愛されて、賑わっています
街の人気実力店で感動の味を

おいしさには秘密がある。素材や作り方など
試行錯誤して生み出された店主自慢のお好み焼。

おすすめメニュー

肉玉そば
830円
ネギモチチーズ焼き
1300円

⬆店内の奥には個室もある

ひと手間加えて生まれる
生地と具材の一体感

お好み焼き 越田
おこのみやき こしだ

流川・八丁堀周辺 **MAP** 付録P.11 E-4

半世紀以上にわたり、伝統の味を守り
続ける店。一日寝かせた生地が具材に
しっかりとなじみ、つなぎや天かすを使
わず、熟練の技術で焼き上げる。小ぶり
なサイズは飲んだあとの締めや女性に
もうれしい。

☎082-241-7508
所広島県広島市中区流川町8-30 営18:00〜翌
3:00 休日曜(月曜が祝日の場合は日曜営業、月
曜休) 交広電・胡町電停から徒歩6分 Pなし

注目サイドメニュー

⬆白肉(ミノ)1200円は
にんにく、玉ネギと一緒に

越田スペシャル1200円
ほのかなガーリックパウダーの
香りが効いたお好み焼に、イカ
天とネギを加えた一枚

元祖へんくつや 総本店

70年以上続く老舗の味に
3世代で通う常連客の姿も

がんそへんくつや そうほんてん

本通り周辺 **MAP** 付録P.11 D-3

昭和20年代に屋台からスタートした、老舗のお好み焼店。こぢんまりとした懐かしい雰囲気の店で、観光客のほか昔から変わらないシンプルなお好み焼を求めて地元の人やプロ野球選手なども多く通う。

☎082-242-8918
所 広島県広島市中区新天地2-12
営 11:00〜24:00 休 不定休
交 広電・八丁堀電停から徒歩3分 P なし

↑ゆとりあるカウンター席、テーブル席がある

↑商業施設が並ぶ中心地にありアクセスも抜群！

おすすめメニュー	
いか天肉玉そば入り 1050円	そば肉玉入り 900円
もち肉玉そば入り 1050円	生イカと生エビが入り、旨みがしっかりと感じられる。1枚をシェアして食べる人も
そばスペシャル 1300円	

注目サイドメニュー
↑昔あった一銭洋食に似たねぎ焼き800円

胡桃屋

自家栽培のネギを効かせた
ふんわりお好み焼

くるみや

本通り周辺 **MAP** 付録P.11 D-2

安全と産地にこだわった食材で作るお好み焼が自慢。押さえつけずに焼くことで、仕上がりはふんわり。目の前に運ばれてきたらヘラを入れる前に、自家栽培の無農薬ネギを好きなだけ、たっぷりのせてから食べたい。

☎082-224-1080
所 広島県広島市中区八丁堀8-12 今元ビル2F 営 11:00〜14:30(LO) 17:00〜21:00(LO) 休 日曜、祝日、不定休
交 広電・立町電停から徒歩3分 P なし

肉玉そばチーズ 990円
やさしい食感のお好み焼にとろ〜りとろけるチーズがたまらない！と大人気

注目サイドメニュー
↑じっくり煮込んだすじ煮込み550円は、ポン酢をかけてあっさりと

おすすめメニュー	
肉玉そば	880円
肉玉そばイカ天	1045円
スペシャルそば	1265円

貴家。

粘りのある生地に
野菜が生きた一枚

たかや。

平和大通り周辺 **MAP** 付録P.8 C-3

16歳で名店「みっちゃん」に弟子入りし、店長経験を経た店主がオープンさせた。12種の調味料をブレンドした粘りがある生地は独特の食感。季節ごとにキャベツの産地を変更し、野菜の甘みをしっかり出しつつ、シャキシャキした食感を残すため高温で焼き上げる。

☎082-242-1717
所 広島県広島市中区富士見町5-11 藤井ビル1F
営 11:30〜15:00(LO14:30) 17:00〜23:30(LO23:00) 休 火曜、第1・3月曜(祝日の場合は営業) 交 広電・中電前電停から徒歩5分 P なし

おすすめメニュー	
肉玉そばorうどん	950円
とくとく焼き	1500円

貴家。スペシャル 1500円
生イカ、生エビが入ったお好み焼。写真は名産の観音ネギ280円をトッピング

注目サイドメニュー

↑自家製みそダレを使ったホルモン焼き1150円

個性あふれる店でいただく、新感覚・お好み焼

独創的なトッピングが際立つ

カキやチーズのトッピング、
ふっくら焼き上げるエアイン手法、
見た目や味、食感など、
広島お好み焼の進化が止まらない。

太切りにしたキャベツが
味と食感のアクセントに

焼くんじゃ
やくんじゃ

広島駅周辺 **MAP** 付録P.9 D-2

牛脂をかけて炒めることで甘みを出した、
太切りのキャベツが特徴。キャベツの食感
と細麺の絶妙なバランスを楽しんで。生地
をふたの代わりにしてじっくりと蒸した野
菜の甘みと、ほんのりと辛さが感じられる
カープソースの相性も抜群だ。

☎082-568-7842
所広島県広島市南区松原町10-1 広島フルフォーカスビル6F
営11:00～23:00(LO22:30) 休無休 交広電・広島駅電停
から徒歩3分 **P**なし

牡蠣スペシャル 1490円
イカ天入りのお好み焼に、たっ
ぷりのネギと香ばしく焼いた4
個のカキをトッピング

⬆天ぷら専門店か
ら仕入れる天かす
など、素材にもこ
だわりあり

おすすめメニュー
チーズスペシャル 1290円
焼くんじゃ 1290円

ピリリッ! と刺激的
広島とラテンのコラボ

LOPEZ
ロペズ

横川 **MAP** 付録P.2 A-1

グアテマラ出身の店主によるお好
み焼とラテン料理がいただける店。
名店・八昌で修業して基本をしっ
かりと押さえたお好み焼に、ハラ
ペーニョをトッピングするのがロ
ペズ流。ピリッとした辛さがやみ
つきになるはず。

☎082-232-5277
所広島県広島市西区楠木町
1-7-13 営16:30～23:00
(LO22:30) 休土・日曜 交JR
横川駅から徒歩5分 **P**2台

おすすめメニュー
チリリオ グランデ 630円
チキン ファイター 750円
タンシチュー 630円

そば肉玉
980円
じっくりと時間を
かけて焼いたらハ
ラペーニョ150円
をオン。これが意
外にマッチする

厳選食材で焼き上げた
技ありの一枚を

お好み焼 長田屋
おこのみやき ながたや

平和記念公園周辺
MAP 付録P.10 B-2

平和記念公園すぐそばの店。
豚骨スープで炒めて風味を出
す生麺や、トマトを増量し、
塩分を控えめにした特注のオ
タフクソースなど、ひとつひ
とつの食材にこだわったお好
み焼を味わえる。

☎082-247-0787
所広島県広島市中区大手町1-7-19
重石ビル1F 営11:00～20:30
(LO20:00)、売り切れ次第終了の場
合あり 休火曜、第2・4水曜 交
広電・原爆ドーム前電停から徒歩3
分 **P**なし

おすすめメニュー
デラックス 1300円
肉玉そば 860円

長田屋焼 1450円
倉橋島産のネギと広島産の生
卵を絡めながらどうぞ。マイ
ルドな風味が新しい

電光石火 1360円
刻んだ大葉を中に加えることで、さっぱりとした風味を楽しめる店の看板メニュー

ふんわり玉子に包まれた
新感覚のやわらか食感
電光石火
でんこうせっか

広島駅周辺 **MAP** 付録P.9 D-2
卵2個をふわとろに焼いてオムレツ風に包み込んだ、オリジナリティのあるお好み焼を提供。押さえつけず空気を含みながら焼くことで、球形の見た目も特徴的なふわっとしたお好み焼に仕上がる。

☎082-568-7851
🏠広島県広島市南区松原町10-1 広島フルフォーカスビル6F ⏰10:00～22:30 休無休 交広電・広島駅電停から徒歩3分 Pなし

↑観光客で賑わう活気ある店

おすすめメニュー
たっぷりチーズ
1470円
牡蠣バターor牡蠣ポン酢
1050円

おいしさの決め手は
自家製ソースと大根おろし
そぞ

広島駅周辺 **MAP** 付録P.9 D-2
中に空気を入れてふっくらとドーム型に焼き上げるエアインお好み焼の元祖。瀬戸内産のカキとレモンを使った自家製の結晶ソースは酸味とコクがあり、無料トッピングできる大根おろしとの相性もよい。

↑全15席で向かいの店も使用可

☎082-568-7843
🏠広島県広島市南区松原町10-1 広島フルフォーカスビル6F ⏰11:00～23:00 休不定休 Pなし 交広電・広島駅電停から徒歩3分

おすすめメニュー
入れすぎチーズ 1250円
うねスペ 1400円

そぞ焼き 1650円
イカ天、生イカ、生エビを加えて焼き上げ、大盛りネギと大根おろしをオン

気軽に味比べするならばこちらへ!
テーマパークで
お好み焼を満喫する
お好み焼店が集まったビルや関連工場の見学まで、お好み焼は奥が深い。

お好みソースの工場見学も
Wood Egg お好み焼館
ウッド エッグ おこのみやきかん

井口 **MAP** 付録P.2 B-3
工場の見学と併せ、併設のミュージアムでお好み焼の歴史を学べる。お好み焼作りが体験できるコースもある人気スポット。

☎082-277-7116
🏠広島県広島市西区商工センター7-4-5 休土・日曜、祝日、会社休業日 交広電・井口電停から徒歩10分 Pあり(予約制)

工場見学
⏰9:00～17:00(予約制)
料無料
広島お好み焼教室
(ホットプレート)
⏰11:20～13:00(予約制)
料1100円
※コース詳細はHP
www.otafuku.co.jpをご確認ください

↑工場ではソースを詰める工程が見学できる

昭和風のレトロな屋台村
ひろしまお好み物語 駅前ひろば
ひろしまおこのみものがたり えきまえひろば

広島駅周辺 **MAP** 付録P.9 D-2
昭和40年代の屋台村を再現した施設で、店の個性もさまざま。

☎082-568-7890
🏠広島県広島市南区松原町10-1 広島フルフォーカスビル6F ⏰11:00～23:00(L022:45) 休無休 交広電・広島駅電停から徒歩3分 Pなし

活気あふれる屋台が集合
お好み村
おこのみむら

本通り周辺 **MAP** 付録P.11 D-3
戦後の屋台村の雰囲気を今も変わらずに感じられる23店舗が入る。

☎店舗により異なる
🏠広島県広島市中区新天地5-13 営休店舗により異なる 交広電・八丁堀電停から徒歩5分 Pなし
詳細はHP(http://www.okonomimura.jp/)を要確認

こだわりの味を食べ比べ
お好み共和国 ひろしま村
おこのみきょうわこく ひろしまむら

本通り周辺 **MAP** 付録P.11 D-3
ビル一棟まるごと屋台村。個性あふれる店が軒を連ねる。

☎082-243-1661
🏠広島県広島市中区新天地5-23 ⏰11:00～23:00(閉店時間は店舗により異なる) 休店舗により異なる 交広電・八丁堀電停から徒歩5分 Pなし

冷めん 普通
1100円
深い辛みのなかに甘さがあるタレは、飲み干す人もいるほど。麺も1.5玉と少し多めが特徴

味わうたび、どんどんハマる！

冷めん家
れいめんや
大手町 **MAP** 付録 P.10 B-3

広島冷麺の元祖の店で修業した店主が、約40年前に始めた広島冷麺・つけ麺専門店の2号店。喉ごしのよい中太ストレートの麺に、辛さと甘さの両方を感じるタレを絡めて食べる一杯はやみつきになると評判だ。

☎082-248-7600
🏠広島県広島市中区大手町2-4-6
🕐11:00～14:00(LO13:50)
18:00～21:00(LO20:50)
※売り切れ次第終了 🈺日曜、祝日
🚃広電・紙屋町西電停から徒歩5分
🅿店舗前に有料パーキングあり

➡清潔感あふれる広々とした店内で、入りやすい

女性にも人気です

辛いからうまい

つけ麺 &

ごまとラー油が入った辛いタレが特徴。各店の個性を楽しんで！

廣島つけ麺本舗 ばくだん屋 総本店
ひろしまつけめんほんぽ ばくだんや そうほんてん
本通り周辺 **MAP** 付録 P.11 D-3

多くの著名人も唸る味

広島つけ麺の代表店のひとつ。キャベツやキュウリ、ネギなどがたっぷりのったつけ麺は、ヘルシーで女性も多く訪れる。テレビや雑誌で取り上げられることも多く、地元の人だけでなく著名人にも愛される広島の味。

☎082-546-0089
🏠広島県広島市中区新天地2-12 トーソク新天地ビル 🕐11:30～15:00(LO14:30) 18:00～22:00(LO21:30) ※土・日曜、祝日11:30～22:00(LO21:30) 🈺火曜(変更の場合あり)
🚃広電・八丁堀電停から徒歩5分 🅿なし

➡広島市のなかでも屈指の歓楽街・新天地にある

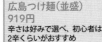

広島つけ麺（並盛）
919円
辛さは好みで選べ、初心者は2辛くらいがおすすめ

広島●食べる

30

汁なし担担麺 580円
とにかくしっかりと混ぜて、最後まで麺に具を絡めるのが店主おすすめの食べ方

汁なし担担麺のパイオニア

汁なし担担麺 きさく
しるなしたんたんめん きさく
舟入 **MAP** 付録P.2 A-1

広島の汁なし担担麺ブームを生み出した店。本場、中国四川で学んだ店主が生み出す一杯は、特製ラー油に醤油、ピリッと痺れる山椒が見事にマッチ。混ぜれば混ぜるほど麺にしっかり絡まって、コクが深まっていく。

☎082-231-0317
所広島県広島市中区舟入川口町5-13 佐々木ビル1F
営11:00〜14:00 18:00〜19:00 日曜11:00〜14:00
休水曜、祝日の夜
交広電・舟入幸町電停から徒歩1分 Pあり

↑赤をアクセントにしたおしゃれな店内

人気急上昇中です
汁なし担担麺

山椒の刺激が食欲をそそる。
辛さは調整可能で食べやすいまろやか系も。
街で評判の味にチャレンジ！

汁なし担担麺 650円
辛さは4辛までセレクトでき、0辛にも対応。花椒による独特の痺れを体感してほしい

30回かき混ぜて完成させる

汁なし担担麺専門 キング軒
しるなしたんたんめんせんもん キングけん
平和大通り周辺 **MAP** 付録P.10 B-4

全国区の知名度を誇る人気店の自慢は30回混ぜることで完成する汁なし担担麺。卓上に置かれた挽きたてのオリジナル山椒や調味料でアレンジを楽しもう。麺がなくなったらご飯を投入して担担ライスに！

汁なし担担麺 700円
辛さは0〜4辛を用意。一番人気は2辛！トッピングの野菜盛りやセロリもお試しを

汁なしブームの火付け役

中華そば くにまつ
ちゅうかそば くにまつ
本通り周辺 **MAP** 付録P.11 D-2

昼どきは行列が絶えない人気店。積極的な他店へのレシピ提供で、広島に汁なし担担麺ブームを巻き起こした。麺はもちろん、ラー油や甜麺醤などの調味料まで自家製で提供するなど、こだわりが詰まっている。極限の辛さに挑戦したい人はKUNIMAXを。

☎082-222-5022
所広島県広島市中区八丁堀8-10
営11:00〜15:00 17:00〜20:00
※土曜は昼のみ
休土・日曜
交広電・立町電停から徒歩3分
Pなし

↑スタイリッシュなお店

☎082-249-3646
所広島県広島市中区大手町
3-3-14 武本ビル1F
営11:00〜15:00 17:00〜20:00
※土曜、祝日は昼のみ 休日曜
交広電・中電前電停から徒歩2分
Pなし

↑昼どきは大行列。深夜は薬研堀、週末は本通の姉妹店へ

8

中華そば
豚骨、鶏ガラ、野菜を煮込んで作るスープは、時間差で仕込み、いつ食べても変わらない味わい。650円

お好み焼やカキだけではない、
広島グルメの底力

ソウルフードの
深みにはまる

素材の味を生かした広島ラーメンや温かい味わいのうどんは、どこか懐かしさを感じる味。

手軽でも、おいしく
広島ラーメン
戦後の屋台から発展した広島ラーメン。豚骨スープをベースに鶏ガラや野菜のだしが奥深い味わいに。

創業以来変わらぬ味を提供
陽気
ようき
江波 **MAP** 付録P.2 B-3
昭和33年(1958)創業の広島ラーメンの老舗。メニューは中華そばのみで、スープの味が変わるのを防ぐため替え玉や大盛りもなし。まろやかな醤油豚骨スープに魅了され、多くのファンが訪れている名店だ。

☎082-231-5625
🏠広島県広島市中区江波南
3-4-1 🕐11:30〜13:30
18:00〜23:00(土・日曜、祝日は16:30〜)
🈲毎月1・12・13・26日
🚃広電・江波電停から徒歩
10分 🅿あり

⬆⬆店内はカウンターとテーブル席がある、シンプルなつくり(上)、市街地からは少し離れていても、行列ができる人気店(右)

飲み干したくなる秘伝スープ
中華そば つばめ
ちゅうかそば つばめ
観音町 **MAP** 付録P.2A-1

屋台時代から守り続ける素朴で飾らない味の中華そば。豚骨7:鶏ガラ3のベースでブレンドしたスープはあっさりとした飲み口。中細麺との相性も抜群。8種類のおでん各100円やおむすび1皿200円もあり。

☎082-295-6939
所広島県広島市西区東観音町3-2
⏰11:30～22:00 休日曜
交広電・天満町電停から徒歩5分 Pなし

⬆ラーメンは中華そばのみ。店内にはカウンターとテーブル席がある

中華そば
豚骨と鶏ガラをブレンドしたあっさり系のスープに、シコシコとした食感の中細麺がよく絡む。750円

「むすびのむさし」
うどん&むすび

平日は近隣で働く人々で、休日は家族連れで賑わう広島県民が愛する店。花見や紅葉シーズンには、むさしのお弁当を持って行楽地へ行く。

こだわりの俵むすびは必食!
むすびのむさし 土橋店
むすびのむさし どばしてん
十日市町 **MAP** 付録P.8A-2

芸能人や歌手にもファンが多いことでも知られる、うどんとむすびの店。片栗粉でとろみをつけただしに根野菜、豚肉が入った元気うどんが定番。「むさし」の代名詞・俵むすびとともに注文しよう。

☎082-291-6340
所広島県広島市中区榎町10-23 ⏰11:00～20:00(2階 17:00～21:00。土・日曜、祝日11:00～) テイクアウト 10:00～(日曜、祝日9:00～) 休水曜(祝日の場合は翌日) 交広電・土橋電停からすぐ Pあり

元気うどん 750円
俵むすび1個150円
(2個から注文可)
俵むすびは修業期間を経て厳しい試験に合格した「むすび人」と呼ばれる職人が心を込めて握る

⬆土橋店は1階が90席、2～4階には宴会場を完備する大型店舗

ショッピング途中にふと立ち寄りたい

こだわりスイーツ でカフェ時間

広島エリアにはおしゃれカフェが点在。ソファ席やテラス席でゆったりとした時間を過ごして。

⬆図書コーナーには新聞や雑誌、マンガ、小説、絵本が並んでおり、好きなものを読みながらゆったりと過ごせる

本を読んだり、書き物をしたり
思い思いの時間を過ごす

喫茶めくる
きっさめくる

十日市町 **MAP** 付録P.8A-2

注目エリア・十日市のひっそりとした路地にあるカフェ。高い天井の落ち着いた店内で、どこかほっこりするフードやドリンク、スイーツが楽しめる。持ち帰りできる焼菓子も販売している。

☎082-296-9023
🏠広島県中区十日市町1-6-29
🕐8:30〜10:30 11:00〜16:00（LO15:30）
🈺日曜、祝日、ほか不定休
🚃広電・本川町電停から徒歩4分 **Ｐ**なし

めくるゴハンセット　1200円
おかず3種類のほか、ご飯かパン（パンは＋80円）とスープが付く

めくるプリン　580円
レトロでシンプルなプリンの上にかわいいリスのクッキーが

⬆️インテリアも愛らしく乙女心をくすぐる

スイーツ&お酒の
マリアージュを楽しんで

MUSIMPANEN
ムッシムパネン

流川・八丁堀周辺 **MAP** 付録P.11 F-3

稲荷大橋のたもとにあるパティスリー。「自分らしく、おいしいものを」をモットーに、旬のフルーツなど素材選びからこだわり、遊び心を大切にしたスイーツが揃う。併設のカフェスペースではワインやウイスキーを提供。大人のカフェタイムを過ごして。

☎082-246-0399
所広島県広島市中区銀山町1-16
営10:00〜18:00(LO) 土・日曜、祝日は〜17:00(LO) 休火曜ほか不定休 交広電・銀山町電停から徒歩3分 Pなし

予約	可
予算	
⫿Ⓓ 1000円〜	

⬆️さわやかな風が抜けていくテラス席が人気

ヴァニーユ 682円
バニラ風味のムースが口の中で溶けていく

⬆️焼き菓子なども豊富でおみやげにもおすすめ

⬆️木のぬくもりを感じる店内に丸い照明がかわいい

ドーナツソフト 600円
揚げたてのドーナツとソフトクリームが絶妙にマッチ。＋300円でドリンクセットに変更も可能

ドーナツ各150円〜
チョコレート200円(左上)、抹茶チョコ220円(右上)、いちごミルキー250円(下)

国産小麦を100%使用
体にうれしいからす麦

ドーナツ・クッキー
からす麦専門店
ドーナツ・クッキーからすむぎせんもんてん

流川・八丁堀周辺 **MAP** 付録P.11 D-3

タンパク質豊富なからす麦を使用したクッキーとドーナツがいただけるカフェ。国産の無調整豆乳を使用するなど素材にもこだわる。店内はテーブル席のほか、カウンター席も備えている。テイクアウトもあるのでおみやげにもぴったり。

☎082-247-5818
所広島県広島市中区堀川町5-7
営10:30〜20:00 休無休 交広電・八丁堀駅から徒歩3分 Pなし

⬆️手みやげやおやつに最適な、ひとくちサイズのからす麦クッキーもおすすめ

8

広島の味が
豊富に揃う

おいしい感動を
おみやげに

瀬戸内海の海の幸・山の幸に
アイデアとひと手間を加えて
さらにおいしい味みやげに。

地御前かきガーリックオイル
おつまみや料理の隠し味などによい、大粒カキのオイル漬。
瓶1350円

オール広島のみやげ物と
各市町村の最新情報が集結

市町村情報センター
ひろしま夢ぷらざ

しちょうそんじょうほうセンター ひろしまゆめぷらざ

本通り周辺 **MAP** 付録P.10 C-3

食品、加工品、工芸品など、約2000点もの広
島生まれのアイテムがずらりと並び、多くの人
で賑わう。県内の各市町村のパンフレットな
ども揃うため、観光の際に頼れるスポット。

☎082-544-1122
🏠広島県広島市中区本通8-28
🕐10:00〜19:00 🈳無休
🚃広電・本通電停から徒歩3分 Ｐなし

因島のはっさくゼリー
ハッサク発祥の地・因島のハッサク
をゼリーにIN。1個172円(右)、5個
入り1080円(左)、12個入り2160円

やわらかいいか天
尾道産のいか天はやわらかく、大人
も子どもも食べやすい。1袋410円

洋酒ケーキ
ラム酒とブランデーをたっぷ
り含ませた、芳醇な甘みが特
徴。5個入り700円

⬆ソフトクリームのイートインも

**からす麦の焼きたて
クッキー(アーモンド)**
自社製の挽きたてアーモンド
を使ったクッキーの香ばしさ
を缶に閉じ込めて。1404円

ザッハトルテ
生チョコレートを入れ、香りや焼き方
にもこだわりが。1カット389円

酒のいろいろ物語(6個入り)
酒どころ・広島の銘酒がジュレに変身。
それぞれの風味を食べ比べできる。
2376円

広島もみじケーキ
挽きたてアーモンドやバターを入れ
た洋菓子風の生地にくるみ入りのあ
んこが入る。1個194円

地元産の食材が生きた
やさしい味の菓子をみやげに

バッケンモーツアルト 中央通り本店

バッケンモーツアルト ちゅうおうどおりほんてん

本通り周辺 **MAP** 付録P.11 D-3

広島の人に愛され続けるお菓子の名店。「自然を材
に」というテーマのもと、地元産の素材を使ったケ
ーキや焼き菓子を揃える。多くの商品がモンドセ
レクションに選ばれるなど品質にも定評あり。

☎082-241-0036
🏠広島県広島市中区堀川
町5-2
🕐10:30〜21:00
🈳無休
🚃広電・八丁堀電停から
徒歩3分 Ｐなし

⬆喫茶ではケーキセット
などを提供

**老舗に数多く集まる
広島が誇る名品の数々**

長崎屋
なかさきや

☎082-247-2275
📍広島県広島市中区本通6-8
🕐10:00～18:00　休無休
🚃広電・本通電停から徒歩1分
Ｐなし

本通り周辺 **MAP** 付録P.10 C-3

広島の名産や旬のフルーツを取り扱う、明治25年(1892)創業の老舗。店内には食品、加工品、酒、調味料など広島で誕生した商品が多く集まるほか、契約農家から直送の生レモンといった、希少かつ注目度の高いものも登場する。

店内は商品が見やすく配置され、探しやすい

大長檸檬酒
さわやかな芳香とすっきりとしたキレが特徴の、大崎下島生まれの酒。500mℓ瓶1166円

西条柿ミルフィーユ
コクのあるバターを西条柿で包む。トーストにのせて味わうのがおすすめ。1080円

**素朴なおいしさが
詰まった小さな銘菓**

御菓子処 亀屋
おかしどころ かめや

広島駅周辺 **MAP** 付録P.9 F-2

広島駅新幹線口から徒歩圏内にある和菓子店。特に「川通り餅」は広島を代表する銘菓のひとつだ。できる限り手作りにこだわり、手作業の工程が多い。大量生産は難しいが、その素朴な味は老若男女を問わず人気がある。

昭和21年(1946)創業の老舗
☎082-261-4141
📍広島県広島市東区光町1-1-13
🕐8:30(日曜、祝日9:00)～17:00
（売り切れ次第閉店）
🚃JR広島駅から徒歩10分
Ｐあり

もなか
北海道産の大納言小豆の餡を使用。本店と直営店でのみ販売。8個入り1070円

川通り餅
求肥にクルミを加え、きな粉をたっぷりまぶした看板商品。7個入り420円

安芸路
求肥で包んだこし餡を、薄皮せんべいで挟んだ上品な味わいの一品。137円

**早朝から長蛇の列を生む
職人のバターケーキ**

バターケーキの長崎堂
バターケーキのながさきどう

☎082-247-0769
📍広島県広島市中区中町3-24
🕐9:00～15:30
※売り切れ次第終了
休日曜、祝日
🚃広電・八丁堀電停から徒歩6分
Ｐなし

本通り周辺 **MAP** 付録P.11 D-4

カステラ職人だった創業者が、独自の配合で生み出したバターケーキ。濃厚なバターの風味が愛され、半世紀以上にわたり人気を博している。盆・暮れには、この味を求めて店頭に長蛇の列ができる。ていねいに焼かれたケーキは、手みやげの定番だ。

誕生から今も変わらぬ味を守り続けている

バターケーキ
しっとりした食感に感動。レトロな包装が目印。小1150円、中1400円

店頭に並ぶ熊野筆を実際に手に取って、肌に当てて、その使い心地を確かめたい

広島が生んだ世界に誇る銘品

極上の熊野筆を探す

高品質の筆として世界に知られる熊野筆。市内の専門店やデパートで購入できる。

贈り物にしたいセット商品も充実

熊野筆セレクトショップ広島店

くまのふでセレクトショップひろしまてん

広島駅 **MAP** 付録P.9 E-2

高品質の毛質と技術で魅力的なメイクを叶える熊野化粧筆や、伝統的な匠の技によって生まれる書筆を約260種取り扱う。アドバイザーと一緒に最適な1本を見つけよう。

☎082-568-5822 ㊟広島県広島市南区松原町1-5 ホテルグランヴィア広島1F ㊞10:00～19:00 ㊡無休 ㊢JR広島駅北口直結 Ｐなし

◎ モテフデ＋（プラス）6380円。ヤギ毛を使用したチークブラシ、アイシャドウブラシ、リップブラシの3本セットは熊野筆初心者にもおすすめ

◎ パウダーブラシ9950円。高級ラインのSSシリーズ。灰リス毛100%のパウダーブラシは自然な透明感のある仕上がりに

◎ パーフェクション洗顔ブラシ6600円。ヤギ毛を使用した洗顔ブラシでたっぷりふわふわの泡立ちを実現

◎ しあわせ小箱1万800円。上質なリス毛のアイシャドウブラシをはじめ、チークブラシ、リップブラシの3本がセットに。ギフトに最適な箱入り

熟練の技術が生み出す逸品を

白鳳堂 広島三越店
はくほうどう ひろしまみつこしてん
流川・八丁堀周辺 **MAP** 付録P.11 E-3

熊野町に本社のある筆メーカー直営ショップ。筆作りには80もの工程を要し、各々のスペシャリストが手間ひまかけて仕上げる。約150種類揃う、匠の技が生きた本格的な化粧筆のなかからお気に入りを見つけて。

☎082-242-3488 ㊟広島県広島市中区胡町5-1 広島三越1F
㊐10:30〜19:30 ㊡広島三越に準ずる ㊟広電・胡町電停から徒歩1分 ㋿あり（広島三越駐車場利用、有料）

スタッフと相談して自分に合った筆を探せる

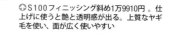

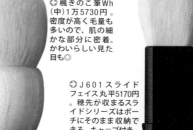

⬆S100フィニッシング斜め1万9910円。仕上げに使うと艶と透明感が出る。上質なヤギ毛を使い、面が広く使いやすい

⬆S110チーク丸平1万2540円。美しい朱の軸が印象的なシリーズ。ヤギ毛使用。発色良く自然にチークが入る

⬅楓きのこ筆Wh（中）1万5730円。密度が高く毛量も多いので、肌の細かな部分に密着。かわいらしい見た目も◎

⬅J601スライドフェイス丸平5170円。穂先が収まるスライドシリーズはポーチにそのまま収納できる。キャップ付き

棚一の熊野筆を探す

800種以上の筆がずらり！

広島筆センター 広島店
ひろしまふでセンター ひろしまてん
平和記念公園周辺 **MAP** 付録P.10 B-2

原爆ドーム近く、本通商店街にある専門店。老舗3社の化粧筆と、同店オリジナル商品を扱っている。書道筆や絵筆など幅広いジャンルの熊野筆が揃うので、趣味用にとっておきの1本を購入するのもおすすめ。

⬅種類豊富な筆が並ぶ

☎082-543-2844
㊟広島県広島市中区大手町1-5-11 ㊐10:00〜19:00 ㊡月1回不定休 ㊟広電・本通電停から徒歩3分 ㋿なし

⬆フェイスブラシKCP-7、9350円。灰リスの毛100%の高級感あるやわらかい肌ざわり。一度使うと忘れられない！

⬅チークブラシ KCP-14S、2646円。淡いピンクとハートにカットされた形が、乙女心をくすぐる人気商品

⬅チークブラシ KCP-6、5720円。やわらかさのなかにもほどよい弾力があり使いやすいと、世代を問わず好評

熊野筆はこちらにも

⬆スライドチークブラシ5500円。「竹田ブラシ製作所」による、筆先を収められて携帯に便利な一本

店で唯一取り扱う、貴重な熊野筆

市町村情報センター ひろしま夢ぷらざ ➡P.86
しちょうそんじょうほうセンター ひろしまゆめぷらざ
本通り周辺 **MAP** 付録P.10 C-3

シティビューを楽しむ優雅な夜
絶景ホテル

眼下に広がる広島市街や瀬戸内海の景色を
昼も夜も楽しめるホテルをセレクト。

広島駅新幹線口から徒歩1分
Wi-Fiインターネット接続全室無料
シェラトングランドホテル広島
シェラトングランドホテルひろしま

広島駅周辺 **MAP** 付録P.9 E-2
JR広島駅隣接の便利な立地で、各所へ
のアクセスに便利。全35㎡の客室と、ウ
エディング、レストラン、宴会、スパな
ど快適な施設とサービスを提供。
☎082-262-7111
㉕広島県広島市東区若草町12-1
㊰JR広島駅から徒歩1分
Ⓟなし(隣接駐車場利用) in15:00 out12:00
室238室 予算1泊朝食付2万円～

広島市の平和大通りに建つ
高層デザイナーズホテル
オリエンタルホテル広島
オリエンタルホテルひろしま

流川周辺 **MAP** 付録P.11 E-4
インテリアデザイナー・内田繁氏が手が
けた内装は、アーバンスタイリッシュな
雰囲気。オリジナルのバスアメニティな
ど、上質な滞在が楽しめる。
☎082-240-7111
㉕広島県広島市中区田中町6-10
㊰広電・八丁堀電停から徒歩8分
Ⓟあり in15:00 out11:00 室227室 予算
1泊朝食付1万6800円～

瀬戸内海を眺めながら
優雅なひとときを過ごす
グランドプリンスホテル広島
グランドプリンスホテルひろしま

宇品 **MAP** 付録P.2 A-2
広島湾の元宇品公園に隣接する地上23
階の三角柱の建物で、客室からは瀬戸内
海や市街地の景色を楽しめる。上層階に
あるレストランのパノラマも見事。
☎082-256-1111
㉕広島県広島市南区元宇品町23-1 ㊰JR広島
駅から広島バス・グランドプリンスホテル広島
下車すぐ Ⓟあり in14:00 out11:00 室
510室 予算1泊8960円～

平和公園まで徒歩5分
快適な滞在をサポート
ANAクラウンプラザホテル広島
エーエヌエークラウンプラザホテルひろしま

平和大通り周辺 **MAP** 付録P.10 C-4
広島市の中心部、平和大通りに面した好
立地。2023年にはクラブフロアと最上階
クラブラウンジがオープン。ここでしか
体験できない「広島時間」を。
☎082-241-1111
㉕広島県広島市中区中町7-20 ㊰広電・袋町電
停から徒歩1分 Ⓟあり in15:00 out11:00
室402室 予算日程より異なる

JR広島駅新幹線口に直結
観光拠点に最適なロケーション
ホテルグランヴィア広島
ホテルグランヴィアひろしま

広島駅周辺 **MAP** 付録P.9 E-2
アクセスの良さと格調高い館内で人気
のハイグレードなシティホテル。瀬戸内
海や広島の食材を使用した朝食やホテ
ル最上階の宿泊者専用ラウンジも人気。
☎082-262-1111
㉕広島県広島市南区松原町1-5
㊰JR広島駅直結
Ⓟあり in14:00 out12:00 室407室
予算1泊朝食付9200円～

景色と観光を満喫
大人のくつろぎステイを
リーガロイヤルホテル広島
リーガロイヤルホテルひろしま

広島城周辺 **MAP** 付録P.10 C-1
各交通機関や商業施設が集中する紙屋
町・基町エリアに建つランドマークホテ
ル。原爆ドームや広島城などにほど近
く、観光の拠点としてもおすすめ。
☎082-228-5401
㉕広島県広島市中区基町6-78
㊰広電・紙屋町東／紙屋町西電停から徒歩3分
Ⓟあり(有料) in15:00 out11:00 室491室
予算1泊朝食付1万円～

尾道

❖❖❖

しまなみ海道の玄関口。
尾道出身の大林宣彦監督が
映画のロケ地として
登場させたことなどで知られる。
レトロ風情漂う坂道や狭い路地、
高台から望む瀬戸内海の美しさは
何度でも訪れたくなる景色だ。

心地よい
潮風の吹く
映画の街を
歩く

エリアと観光のポイント

尾道はこんなところです

千光寺公園からの眺めにうっとり。
映画やアート、文学だけでなく、グルメももれなく楽しめる。

尾道を一望できる眺望ポイント
千光寺周辺 ➡ P.96
せんこうじ

尾道に到着したら、千光寺公園の頂上までロープウェイで上がり、風情ある坂道を下っていくのが理想的。眺めの良いカフェなどでひと休みしながら、のんびりと散策したい。

観光の ポイント 眺めの良い千光寺公園の頂上へはロープウェイで約3分

↑標高約144mの千光寺山の斜面に建つ千光寺

↑千光寺公園内にある恋人の広場。恋人の聖地として知られている

昔ながらの商店街が続く
尾道本通り周辺 ➡ P.108
おのみちほんどおり

JR尾道駅から西國寺方面に延びるアーケード商店街。昔ながらの店に交じり、尾道オリジナルの商品を扱うオシャレな雑貨店やカフェなども登場し、幅広くおみやげが選べるのも魅力的。

観光の ポイント 一本裏の路地などにも尾道グルメの名店がある

↑レトロな昭和の雰囲気漂う商店街。じっくり買い物を楽しみたい

映画のシーンが浮かぶ街並み
西國寺周辺
さいこくじ

ロープウェイ山麓駅の北東側に広がるエリアにも名刹古刹が点在している。映画『転校生』のロケ地のひとつ、御袖天満宮や多くの文化財を所蔵する西國寺など、見どころが多い。

観光の ポイント 西國寺の巨大草履や大山寺の三猿像などは必見

↑紅葉で染まる御袖天満宮の参道

歴史ある古刹を訪ねて
浄土寺周辺
じょうどじ

聖徳太子の創建と伝えられる浄土寺は、かつて足利尊氏が戦勝祈願に訪れたという。尾道七佛めぐりのゴールとされている海龍寺を出たら、尾道駅までバスで一直線に旅を締めくくれる。

観光の ポイント 浄土寺の願掛け石や海龍寺の経塚などご利益めぐりも

↑聖徳太子が開いたと伝えられる浄土寺

⤴尾道の日常風景となっている尾道と向島を結ぶ渡船

⤴尾道駅は瓦屋根など旧駅舎の雰囲気を残しつつ、魅力的なショップや飲食店が入っている

西國寺周辺

卍西國寺

浄土寺山▲

浄土寺周辺

御袖天満宮卍大山寺

浄土寺卍 卍海龍寺

福山駅⇄

2

光寺

山麓駅

尾道本通り周辺

寺山ウェイ

卍天寧寺

西山本館

おのみち歴史博物館H

★おのみち映画資料館

瀬戸内クルージング

鞆の浦⇄

⚓尾道市役所

西瀬戸尾道IC

尾道中央ビジター桟橋

⚓フェリー乗り場

尾道港

尾道渡船

岩屋山▲

⚓フェリー乗り場

大元神社H

屋島寺卍

317

江奥川

317

根香寺卍

⇄向島IC

交通information

周辺エリアから尾道へのアクセス

電車・バス

JR広島駅

山陽本線で1時間35分
※新幹線利用（三原駅か福山駅乗り換え）の場合50分〜1時間

広電・広島駅電停
↓広電（路面電車）で16分
広電・紙屋町西電停
↓
広島バスセンター
↓高速バスフラワーライナーで1時間35分

JR尾道駅

↑山陽本線で1時間5分

JR倉敷駅

車

広島東IC

↓山陽自動車道経由65km

尾道IC

福山西IC

↑山陽自動車道経由56km

倉敷IC

問い合わせ先

観光案内
尾道観光協会　☎0848-36-5495
尾道の観光案内所 ➡P.95

交通案内
広島バスセンター 総合案内所
☎082-225-3133
広島交通（フラワーライナー）
☎082-238-7755
ひろでんコールセンター（広島電鉄）
☎0570-550700
JR西日本お客様センター
☎0570-00-2486
尾道市港湾振興課
☎0848-22-8158

93

懐かしい街並みを残す港町・尾道

のんびりと坂道を歩いて絶景に出会う

山沿いに建つ寺社、路地に軒を連ねる昔からの民家、尾道水道の渡船。映画人や文人が魅せられた、どこか懐かしい風景に心惹かれて。

おすすめさんぽルート ⇒P.96

⬆千光寺境内で絶景を前にくつろぐ猫に遭遇。近年は猫の街としても知られる

海際まで迫る山肌を覆うように家々が密集する情緒豊かな坂の街

　尾道三山と瀬戸内海に囲まれ、小さな空間に箱庭のような街並みが広がる尾道。対岸の向島までの距離はわずか200mで、尾道水道と呼ばれる狭い海峡を中心に、海運の拠点として発展してきた。

　山側は、斜面に沿って由緒ある寺社や民家が立ち並び、独特の景観を形成。細い石畳の坂道が迷路のように入り組む風景は、多くの文人にも愛された。数々の映画の舞台となった場所でもあり、ロケ地を巡りながら歩くのも楽しい。

　一方、海側にはレトロな商店街が続く尾道本通り、潮風が心地よい海岸通りがありこちらも散策にぴったり。渡船に乗れば数分で向島に渡ることができる。

ロープウェイで山頂へ上がり、千
光寺と周囲に多く集まる見どころ
を巡る

数多くの映画に登場する尾道。観
光案内所などでロケ地マップを配
布しているので立ち寄ってみよう

お役立ちinformation

尾道エリア内の移動手段

●おのみちフリーパス
千光寺山ロープウェイ往復、おのみちバス1日乗
車、おのみち文学の館などの観光施設割引がセット
になった乗車券。料金は1000円。尾道駅前バ
スセンター、尾道駅観光案内所、一部ホテルなど
で購入が可能。
☎0848-46-4301（おのみちバス）

●千光寺山ロープウェイ
千光寺山の麓〜山頂間を約3分で結ぶ。千光寺
公園を訪ねるときに便利。15分間隔で運行。乗
車料金は片道500円、往復700円。
☎0848-22-4900

↑千光寺山山頂まで、絶景を望む空中散歩

●渡船
尾道と対岸の向島を結ぶ渡船。尾道側の乗船場
は尾道駅の近くにある。料金は各運航会社によっ
て異なるが100円前後で利用できる。
おのみち渡し船 ☎0848-38-7761
福本フェリー ☎0848-44-2711

↑尾道で生活する人たちの貴重な足だ

観光案内所／ボランティアガイド

●尾道駅観光案内所
☎0848-20-0005
所広島県尾道市東御所町1-1 営9:00〜18:00
休無休 交JR尾道駅構内
●ロープウェイ山麓駅観光案内所
☎0848-37-7821
営8:30〜17:30 休無休 交ロープウェイ山
麓駅内
●尾道商業会議所記念館
☎0848-20-0400
所広島県尾道市土堂1-8-8
営10:00〜18:00 休木曜 交JR尾道駅から
徒歩5分

のんびりと坂道を歩いて絶景に出会う

千光寺新道の坂道 情緒ある家並みの向こうに尾道水道が見える

文学と街並みを楽しむ散歩

千光寺から
風情ある小径へ

市街と瀬戸内海を望む千光寺山からの景観は息をのむ美しさ。
家々を縫うように延びる坂道を歩き、文学の世界へ迷い込む。

1 艮神社

うしとらじんじゃ

千光寺周辺 **MAP** 付録P.15 D-1

社殿を覆う楠が神秘的

大同元年(806)創建の、尾道で最古
の神社。境内にそびえる楠の巨木は樹
齢900年ともいわれ、天然記念物に指
定されている。

☎0848-37-3320 所広島県尾道市長江1-3-5
開休料境内自由 Pなし

楠の前で記念撮影を

↑『時をかける少女』などのロケ地としても有名

2 千光寺頂上展望台 PEAK

せんこうじちょうじょうてんぼうだい ピーク

千光寺周辺 **MAP** 付録P.14 C-1

美しい景色を眺めるならここ

尾道の街並みやしまなみ海道の島々、
晴れた日は四国連山も見渡せる。約
1500本もの桜が咲き誇る花見スポット
のほか夜景スポットとしても人気。

☎0848-38-9184(尾道市観光課)
所広島県尾道市西土堂町19-1 開休料入園自由
Pあり

↑360度のパノラマ
ビューが楽しめる

↑リニューアルし
て、ロープウェイの
山頂駅と併合した

③ 文学のこみち
ぶんがくのこみち

千光寺周辺 **MAP** 付録P.14 C-1

情緒ある散歩道

千光寺公園から千光寺まで続く約1km
の遊歩道。道沿いには、正岡子規や
林芙美子など尾道ゆかりの文人たちの
文学碑25基が点在している。

所 広島県尾道市東土堂町 千光寺山ロープウェ
イ山頂駅横～鼓岩付近
時休料 見学自由 P なし

↑ 十返舎一九の石碑
(上)、志賀直哉の石碑
には『暗夜行路』の一節
が(下)

↑ ゆるやかな坂道が続く

↑ 尾道水道や尾道の
市街を望む、舞台造り
の本堂

↓ 海を照らし船を
見守っていたと伝
わる「玉の岩」

④ 千光寺
せんこうじ

千光寺周辺 **MAP** 付録P.15 D-1

尾道を象徴する朱塗りの本堂

創建は大同元年(806)と伝えられる。
千光寺山の中腹にせり出すように建つ
朱塗りの本堂をはじめ、境内にある不
思議な巨石や鐘楼など見どころが多
い。本堂からの景観も見事。

☎ 0848-23-2310
所 広島県尾道市東土堂町15-1 時 9:00～17:00
休 無休 料 無料 P あり

所要 ◆ 約1時間～

おすすめさんぽルート

山麓駅から尾道駅まで、情緒あふれる街
並みを眺めながらのんびり歩こう。坂道
が多いので歩き慣れた靴がおすすめ。

山麓駅
↓ 徒歩すぐ
1 艮神社
↓ 千光寺山ロープウェイ利用
2 千光寺頂上展望台 PEAK
↓ 徒歩すぐ
3 文学のこみち
↓ 徒歩すぐ
4 千光寺
↓ 徒歩4分
5 中村憲吉旧居
↓ 徒歩5分
6 天寧寺海雲塔
↓ 徒歩3分
7 千光寺新道
↓ 徒歩10分
8 持光寺
↓ 徒歩11分
尾道駅

P.98に続く ➡

千光寺から風情ある小径へ

◎天寧寺海雲塔越しの尾道水道は、「坂道と海の町」尾道を象徴する眺め

◎尾道の街がきらめく夜景も素晴らしい

6
天寧寺海雲塔
てんねいじかいうんとう

千光寺周辺 **MAP** 付録P.15 D-1

市街を見渡す三重塔

天寧寺の境内にある塔で、嘉慶2年(1388)に足利義詮が建立した。国の重要文化財に指定されている。塔越しの眺めは、尾道を代表する景色として有名。

☎0848-22-2078（天寧寺）所広島県尾道市東土堂町115 開休料境内自由 Pなし

◎坂道の道程の崖上には、大正時代の古い民家を改装したゲストハウス（→P.101）もある

◎著名な文人たちも見舞いに訪れたという

5
中村憲吉旧居
なかむらけんきちきゅうきょ

千光寺周辺 **MAP** 付録P.15 D-1

歌人が最晩年を過ごした離れ

中村憲吉は広島県生まれの歌人。アララギ派に参加し独自の歌風を樹立した。後年この地に転居し、療養生活を送った。

☎0848-20-7514（尾道市役所文化振興係）所広島県尾道市東土堂町15-10 開10:00～16:00（外観のみ見学可）休月～金曜（祝日の場合は開館）料無料 Pなし

市街地東部の古刹

静かな街並みに点在する由緒ある古刹をのんびり巡る。

人形浄瑠璃にちなんだ寺

海龍寺
かいりゅうじ

江戸時代の人形浄瑠璃家、文楽と竹本弥太夫の墓があり、お経塚をなでると技芸が上達すると伝えられる。

浄土寺周辺 **MAP** 付録P.13 F-2
☎0848-37-6251 所広島県尾道市東久保町22-8 開9:00～17:00 休無休 料無料 交浄土寺下バス停から徒歩5分 Pあり

↑鎌倉時代には、浄土寺の曼荼羅堂と呼ばれていた

7 千光寺新道
せんこうじしんみち

古い家が立ち並ぶ坂道
絶好の撮影場所

千光寺周辺
MAP 付録P.15 D-2

☎0848-36-5495(尾道観光協会)
所広島県尾道市西土堂町
開休料見学自由 Pなし

映画やテレビにもしばしば登場する石畳の坂道。眼下と道沿いには、風情ある街並みが広がっている。

8 持光寺
じこうじ

千光寺周辺
MAP 付録P.14 B-3

そびえる門が目印

最澄の高弟、持光上人により承和年間(834～848)に創建。国宝の絹本著色普賢延命像など、寺宝も多い。境内には四季にわたり花木が咲いている。

☎0848-23-2411 所広島県尾道市西土堂町9-2 開9:00～16:30
休無休 料境内無料、拝観300円
Pなし

↑アジサイ寺としても有名

↑威風堂々たる延命門

↑「にぎり仏」の手作り体験も行っている

天平年間開創の古刹

西國寺
さいごくじ

行基開創といわれ、建立施主帳には将軍・足利義教ら名将の名が残っている。

西國寺周辺 **MAP** 付録P.13 D-1
☎0848-37-0321 所広島県尾道市西久保町29-27 開9:30～16:00
休無休 料境内無料、持佛堂500円(特別拝観は別途) 交西國寺下バス停から徒歩5分 Pあり

↑わら草履が目を引く仁王門

聖徳太子創建と伝わる

浄土寺
じょうどじ

中世の折衷様式を代表する本堂や和様建築の多宝塔など、貴重な建築物が多い。

浄土寺周辺 **MAP** 付録P.13 E-2
☎0848-37-2361 所広島県尾道市東久保町20-28 開9:00～16:00
休無休 料境内無料、庭園300円(特別拝観時800円)、宝物館400円 交浄土寺下バス停から徒歩5分 Pあり

多宝塔と本堂は国宝に指定

重軽地蔵様に祈願

大山寺
たいさんじ

境内に「白限地蔵」があり、受験シーズンは御袖天満宮と並び、多くの受験生が訪れる。

西國寺周辺 **MAP** 付録P.13 D-2
☎0848-37-2426 所広島県尾道市長江1-11-11 開9:00～17:00
休無休 料無料 交千光寺山ロープウェイ・山麓駅から徒歩10分 Pなし

↑ユニークな姿が印象的な三猿像

映画にも登場した神社

御袖天満宮
みそでてんまんぐう

学問の神様菅原道真公を祀るお宮として、受験生の信仰が篤い。

西國寺周辺 **MAP** 付録P.13 D-2
☎0848-37-1889 所広島県尾道市長江1-11-16 開境内自由 交千光寺山ロープウェイ・山麓駅から徒歩5分 Pなし

↑映画『転校生』の舞台になった

映画のなかの尾道

小津安二郎監督や大林宣彦監督など
映画人が愛した情趣漂う風景が広がる尾道。
スクリーンに登場したあの場所を訪ねる。

懐かしい映画の余韻に浸る
ロケスポット巡り

山の斜面に建つ古刹や古い家々。
細い坂道を歩いた先に広がる、
瀬戸内の絶景。古くから文豪に愛
されてきた美しい尾道の街並み
は、数多くの映画にも登場する。
その代表が小津安二郎監督の
『東京物語』、そして同市出身の
大林宣彦監督による「尾道三部
作」と「尾道新三部作」。街には
今も、映画そのままの場所が随所
に残る。昭和の香りが漂うノスタ
ルジックな街を歩き、懐かしい映
画の世界に浸ってみたい。

大林宣彦監督と尾道

尾道三部作
『転校生』1982 『時をかける少女』1983
『さびしんぼう』1985
尾道新三部作
『ふたり』1991 『あした』1995
『あの、夏の日』1999

詳しく知りたい!

尾道ゆかりの映画がわかる

おのみち映画資料館
おのみちえいがしりょうかん

『東京物語』にまつわる資料をは
じめ、尾道を舞台にした映画の
ロケ写真などを展示。

↑懐かしいポスターもある
尾道本通り周辺 MAP 付録P.13 D-3
☎0848-37-8141 所広島県尾道市久
保1-14-10 時10:00～18:00（入館は
～17:30） 休火曜（祝日の場合は翌日）
料520円 交千光寺山ロープウェイ・
山麓駅から徒歩7分 P なし

御袖天満宮
みそでてんまんぐう ➡P.99

『転校生』で一夫と一美が転がり落ち
て、入れ替わってしまう重要なシーン
が撮影された階段がある。
西國寺周辺 MAP 付録P.13 D-2

金山彦神社
かなやまひこじんじゃ

『時をかける少女』で、原田知世演じる和子
がタイムスリップして降り立つシーンが撮影
された。
千光寺周辺 MAP 付録P.15 D-1

鼓岩（ポンポン岩）
つづみいわ（ポンポンいわ）

『あの、夏の日』で、主人公の由太とおじい
ちゃんがこの岩に座り尾道水道を眺めてい
た。千光寺の境内にある。
千光寺周辺 MAP 付録P.14 C-1

西土堂町の跨線橋
にしつちどうちょうのこせんきょう

『転校生』で、小林聡美演じる一美が家に向
かう途中、自転車で上っていた坂道がここ。
光明寺下にあるJR山陽本線の跨線橋。
尾道本通り周辺 MAP 付録P.14 C-3

散歩途中に立ち寄りたい、古民家空間で過ごす穏やかな時間

尾道 カフェ 時間

坂道を歩いていると古民家を利用したカフェが現れる。
美しい景色を眺め、至福のティータイムを。

THE尾道の景色が広がる絶景カフェでひと休み

予約	不可
予算	Ⓛ1000円〜

尾道ゲストハウス みはらし亭

おのみちゲストハウス みはらしてい

千光寺周辺 **MAP** 付録P.15 D-1

大正時代の別荘建築をゲストハウス兼カフェとして再生。窓が多いのでどの席からも絶景が望める。おすすめは浅めの焙煎で苦みを抑えたコーヒーと、姉妹店・あくびカフェ特製のアメリカンビスケット。宿泊は1泊8100円〜(貸切)。

☎0848-23-3864
所広島県尾道市東土堂町15-7
営カフェ15:00〜22:00(土・日曜、祝日11:00〜) 休不定休 交千光寺山ロープウェイ・山麓駅から徒歩7分 Pなし

アメリカンビスケットセット 970円
コーヒー豆は尾道の焙煎所「クラシコ」でオリジナルをオーダー

↑窓からは尾道水道の美しい景色が広がる

明治初期の立礼の茶席 地産地消の手作り甘味処

帆雨亭

はんうてい

千光寺周辺 **MAP** 付録P.15 D-2

旧出雲屋敷の跡地を利用した和カフェ。畳敷きの室内から尾道水道・向島が望め、亭内には築150年以上の茶室や志賀直哉初版本を集めた尾道文庫がある。

☎0848-23-2105
所広島県尾道市東土堂町11-30 営10:00〜17:00 休不定休 交千光寺山ロープウェイ・山麓駅から徒歩5分 Pなし

↑石段の途中に、ひっそりとたたずむ

予約	不可
予算	Ⓛ900円〜

黒糖寒天とお抹茶セット アイスクリーム添え 900円
ドリンクはコーヒーか紅茶に変更できる

↑外の席では春には桜、秋には紅葉の美しい景色が見られる

会席料理 3850円〜
先付けは、季節感あふれる器
で。穴子の薄造りは甘く歯ご
たえがある

予約	昼は要、夜は望ましい
予算	L 5500円〜 D 7700円〜

一年を通じてさまざまな魚が楽しめる

旬を感じる 極上の魚料理

穴子にアジ、オコゼなど瀬戸内の魚料理を高級店で味わう。
鮮度抜群の魚を使った多彩な料理は、一品一品が贅沢な味わい。

◆ 明るい室内に季節の花が生けてあり心が和む

尾道らしいコース料理
瀬戸内の四季を五感で堪能

郷土味 かけはし

きょうどあじ かけはし

尾道本通り周辺 **MAP** 付録P.14 B-4

瀬戸内海産の食材を使用した会席料理は好み
に合わせて献立を考えてくれ、アコウなど地の
食材を尾道ならではの料理法で味わえる。季節
感あふれる先付けには、さりげなく俳句が添え
られ、素材を生かした味と器も心地よい。尾道
の素晴らしいお店として紹介される「ええみせ
じゃん尾道」の入賞店でもある。

☎0848-24-3477
所 広島県尾道市東御所町3-12 営 11:30〜14:00 18:00
〜22:00 休 月曜、ランチ営業は不定休 交 JR尾道駅
から徒歩3分 P あり

◆ アーケード街の入口、林芙美子の銅像前に店を構える

瀬戸内で獲れた魚を厳選
専門漁師から毎朝仕入れる

鮨と魚料理 保広

すしとさかなりょうり やすひろ

尾道本通り周辺 **MAP** 付録P.14 C-4

「鮮度と仕入れ第一主義」をモットーに、瀬戸内の地魚・地野菜を使用し、季節を大事にしながら、地産地消を目指している。潮の流れが速い漁場で獲れる足が太いタコは特にうまい。京都・祇園の割烹で修業した2代目が腕をふるう。

☎0848-22-5639
所広島県尾道市土堂1-10-12
営11:30〜14:00 17:00〜21:00(LO 20:30)
休月曜(祝日の場合は翌日)、最終火曜
交JR尾道駅から徒歩5分 Pあり

予約	可
予算	
L	1800円〜
D	5000円〜

地魚特上にぎり 3500円
大島で獲れた濃厚な味わいのウニや布刈の新鮮な鯛。香ばしく焼かれた穴子を堪能

活きのいい魚介類が並ぶカウンター

生ダコの刺身 1800円
潮の流れが速い瀬戸で獲れたタコは、流されないように踏ん張るため足が太く、身が張りコリコリ。食べ応え抜群

数寄屋造りのたたずまい
魚をメインにオコゼ会席

料亭旅館 魚信

りょうていりょかん うおのぶ

予約	要
予算	
L	5100円〜
D	5100円〜

尾道本通り周辺 **MAP** 付録P.13 E-3

築約100年余の木造3階建て、数寄屋造りの料亭旅館。凛としたたたずまいで、大林宣彦監督作品の撮影場所として何度も映画に登場。ミシュラン(広島2013特別版)におすすめの店として紹介された。尾道水道を行き交う船や尾道大橋と新尾道大橋を眺めながら瀬戸内の魚料理が味わえる。

☎0848-37-4175
所広島県尾道市久保2-27-6
営11:30〜14:00 17:30〜21:00(LO19:30)
休不定休 交千光寺山ロープウェイ・山麓駅から徒歩7分
Pなし

船底天井・かけ込み天井が見事な3階の「初音」

オコゼ薄造り
皮と肝までセットになった豪華な一品。身は淡白ながらも、旨みがしっかりとして美味

オコゼ唐揚げ
身はふんわり、骨はパリッとすべて食べられる。揚げることでオコゼの旨みがギュッと凝縮

カウンター11席の老舗店

中華そば 550円（並）、
650円（大）
脂身の少ないチャーシューとやわらかめの細麺、豚骨、いりこだしの特製スープが絶妙に合う

つたふじ本店
つたふじほんてん
尾道本通り周辺 **MAP** 付録P.15 F-2

尾道ラーメンといえば濃口の醤油味スープが多いが、ここは薄口で魚系のだしが効いている。プチプチした食感の背脂のまろやかさが加わり、旨みも増し、スープとストレート麺の絡みもよい。

☎0848-22-5578
所広島県尾道市土堂2-10-17 営11:00～16:00（売り切れ次第閉店）
休月・火曜 交千光寺山ロープウェイ・山麓駅から徒歩10分
Pなし

↑旅行者、地元客ともに人気

魚介のだしが効いた
尾道ラーメン
醤油味のスープに細麺が絡んで美味。
具材に店の個性が光る。

めん処みやち
めんどころみやち
尾道本通り周辺 **MAP** 付録P.15 D-3

☎0848-25-3550
所広島県尾道市土堂1-6-22 営11:00～18:00（売り切れ次第閉店）休第2水・木曜 交JR尾道駅から徒歩10分 Pなし

アーケード商店街と浮御堂小路の角に店を構える。尾道ラーメンの特徴といわれる背脂はなく、一番人気の「天ぷら中華そば」は、午後になると売り切れることがある。

↑入口もレトロ感たっぷり

やさしい味わいの透明スープ

天ぷら中華そば 680円
小エビのかき揚げ天ぷらにチャーシューが2枚、メンマ、刻みネギとシンプルな中華そば

↑質素でも人気は上々

お好み焼き 手毬
おこのみやきてまり
尾道本通り周辺 **MAP** 付録P.13 D-2

定番の尾道焼きは、コリコリの砂ズリと、たっぷり入ったイカフライ。麺はそばとうどんが選べるが、おすすめはそば。魚介も冷凍ものは使わず、生きたエビを調理するので旨みが違う。常連客が多く、冬季限定「広島産カキ入り」1300円もおすすめ。

☎0848-37-1491
所 広島県尾道市久保1-8-2 　営 11:30～15:00
休 木・金曜 　交 千光寺山ロープウェイ・山麓駅から徒歩3分 　P なし

特選手毬焼 1100円
エビと貝柱、砂ズリが入り、野菜もたっぷりボリューム満点。仕上げはオタフクソースで

砂ズリの食感が楽しい
&尾道焼き
コリコリとした砂ズリの食感とイカ天の旨みがベストマッチ。

⬆中央の鉄板で、手際よく焼いてくれる若女将

尾道お好み焼き ぽっぽ家
おのみちおこのみやき ぽっぽや
尾道本通り周辺 **MAP** 付録P.15 F-3

尾道商工会議所前、海にほど近い位置にある人気店。「毎日食べられるお好み焼きを提供する」がモットーで、伝統の味や技法を守りながらお好み焼きや鉄板料理を提供する。油をひかずに焼くこだわりのお好み焼きはさっぱりと味わえる。

☎0848-22-3153
所 広島県尾道市土堂2-8-24
営 11:30～15:00(LO14:00) 17:00～22:00(LO21:00)
休 火曜、第2水曜
交 千光寺山ロープウェイ・山麓駅から徒歩7分
P なし

⬆子どもからお年寄りまで幅広い世代で賑わう

祖母の味を守る絶品尾道焼き

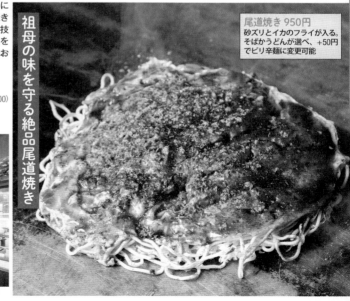

尾道焼き 950円
砂ズリとイカのフライが入る。そばかうどんが選べ、+50円でピリ辛麺に変更可能

やまねこチーズケーキ
自家製のレモンピールが入った濃厚
でクリーミーなチーズケーキ 495円

やまねこラテ
キャラメルソースで描くかわいい猫は、描く
スタッフによって表情さまざま 550円

チーズケーキ専門店
やまねこ

尾道本通り周辺 **MAP** 付録P.15 F-2

グルテンフリーのチーズケーキ専門店。統一感のない椅子やソファが個性的な店内で、広島県産の米粉や広島・上ノ原牧場カドーレのフロマージュを使った地図ケーキが味わえる。オリジナルグッズも販売。

☎0848-21-5355
所広島県尾道市土堂2-9-33
営10:30〜17:30 休月曜(祝日の場合は翌日) 交JR尾道駅から徒歩12分
Pなし

イートイン OK
テイクアウト OK(一部除く)

↑ ヴィンテージ感のあるカジュアルでリラックスした空間

広島の味が豊富に揃う
ご当地おやつで
ひと休み

街の小さなお店に並ぶおいしそうなスイーツやパン。
できたてをイートインスペースで、外のベンチでパクリ。

焼きたてのワッフルをいただく
茶房こもん
さぼうこもん

イートイン OK
テイクアウト OK

尾道本通り周辺 **MAP** 付録P.15 E-1

千光寺山ロープウェイ・山麓駅前にあり、大林宣彦監督の映画『転校生』に登場した人気のワッフル専門店。カリッと焼けたワッフルと甘いメープルシロップが好相性。瀬戸内産の柑橘類を使った季節限定のジュースも。

☎0848-37-2905
所広島県尾道市長江1-2-2
営10:30〜17:00(LO) 土・日曜、祝日は10:00〜17:30(LO) 休火曜(詳細はHPを確認) 交千光寺山ロープウェイ・山麓駅から徒歩1分
Pあり

ブルーベリーアイスクリームワッフル
甘いバニラアイスに甘さ控えめのブルーベリー、ワッフルとの相性が抜群 830円

テイクアウトワッフル2人前
プレーンワッフル8切れにメープルシロップとドリップコーヒー2つ付き。1080円

家族が笑顔になるドーナツ
夕やけカフェドーナツ
ゆうやけカフェドーナツ

尾道本通り周辺 **MAP** 付録P.15 D-3

イートイン **NG** / テイクアウト **OK**

個性的な看板とかわいらしい店構えが特徴。商品カウンターには、ハート形の自然派ドーナツが10種類ほど並ぶ。素材にこだわり、純国産小麦粉などを使用。豆腐ドーナツならではのモッチリした食感がある。

☎0848-22-3002
所広島県尾道市土堂1-15-21
営10:00〜17:30 休火・水曜
交JR尾道駅から徒歩10分
Pなし

有機きなこのドーナツ
やさしい風味のきな粉がほどよくかかる。200円

塩生キャラメルのドーナツ
懐かしい味のキャラメルにほのかな塩味。240円

はちみつバターのドーナツ
国産純粋はちみつにバターの風味。210円

アイスモナカ
パリパリのモナカの皮に、卵がたっぷり入ったアイスクリームを挟む。180円

イートイン **OK** / テイクアウト **OK**

クリームぜんざい
北海道産の小豆をじっくり煮込み、ほどよい甘さに。400円

懐かしい味とスタイル
からさわ

尾道本通り周辺 **MAP** 付録P.15 D-3

目の前の波止でNHK連続テレビ小説『てっぱん』のロケが行われた。窓から入る潮風が心地よく、壁に掛かる古い振り子時計は正八角形でアイスモナカと同じ。外観は昭和初期に創業したときの写真やオーナーの記憶を頼りに復元したものだ。

☎0848-23-6804
所広島県尾道市土堂1-15-19
営10:00〜17:00(曜日・季節で変動あり) 休火曜(祝日の場合は翌日)、10〜3月の第2水曜 交JR尾道駅から徒歩10分 Pあり

小さな店に人気のパンが並ぶ
パン屋航路
パンやこうろ

尾道本通り周辺 **MAP** 付録P.14 C-3

イートイン **NG** / テイクアウト **OK**

ガラス越しに見える店内では、手前に並べられたパンの奥でパン作りに励む職人たちが見える。生地の発酵と熟成にこだわり、おいしい粉の滋味を感じられるパンを毎日ていねいに焼く。惣菜パン、バゲットも人気。

☎0848-22-8856 所広島県尾道市土堂1-3-31 営7:00〜18:00(売り切れ次第閉店) 休月・火曜 交JR尾道駅から徒歩5分 Pあり

クロワッサンオザマンド
スライスアーモンドたっぷり、香ばしさとほどよい甘み。380円

あんバター
化学肥料、添加物不使用の有機餡と塩バター。240円

ずんだペッパーチーズベーグル
枝豆と北海道産チーズに胡椒のアクセント。360円

細い坂道の小さなパン工場
ネコノテパン工場
ネコノテパンこうじょう

千光寺周辺 **MAP** 付録P.14 C-2

イートイン **NG** / テイクアウト **OK**

光明寺の境内からも行くことができる。買い物スペースは約半畳。大人が1人入ると満杯になるので先客がいるときは外に並んで待つのがルール。正面に小窓があり奥が工場、パンは右の窓辺に並んでいる。

☎050-6864-4987
所広島県尾道市東土堂町7-7
営10:00〜16:00
休火・水曜
交JR尾道駅から徒歩10分
Pなし

↑整理整頓された明るい工房でパン作り

◎ トレイにメロンパンやクロワッサン、引き出しの中にはビスコッティが並ぶ

昭和レトロな店で手作り感満載のアイテムを発見!
商店街でおみやげ探し

せとかマーマレード
高根島産せとかを使った
一番人気のマーマレード。
518円

八朔&アールグレイ
因島特産のハッサクの風
味と紅茶の香りがマッチ
している。464円

みかんマーマレード
太陽と潮風に育てられた
向島産ミカンを使用。
388円

尾道育ちのミカンを小瓶に

創作ジャム工房おのみち
そうさくジャムこうぼうおのみち
尾道本通り周辺 **MAP** 付録P.14 C-4
尾道の島々で採れる果物や野菜で作っ
たジャムを販売。素材のおいしさと食
感も楽しめるのが特徴。オーナーが自
ら手作りしたジャムは、瓶を開けたと
きの香りが違う。
☎0848-24-9220
🏠広島県尾道市土堂1-3-35 🕐11:30〜17:30
🈲水・木曜 🚉JR尾道駅から徒歩5分
🅿なし

⬆アンティークの家具や棚にジャムが並ぶ

工房尾道帆布
こうぼうおのみちはんぷ
尾道本通り周辺 **MAP** 付録P.15 E-2
向島で織られた帆布で作ったバッグや
生活小物を販売。しっかりした縫製と
カラフルなデザイン、手作りで仕上げ
た温かみのある風合いが特徴。色を指
定してのオーダーも可。
☎0848-24-0807
🏠広島県尾道市土堂2-1-16 🕐10:00〜17:45
🈲無休 🚉JR尾道駅から徒歩12分
🅿なし

帆布の白を思わせるシン
プルなかわいい外観

厚手の生地に豊富な色合い

ショルダートート
厚めのA4ファイルなど、大きな書類を持
ち運ぶのにもおすすめ。1万6500円

プチショルダー
ファスナー付きなので横
掛けしても中身が落ちな
い、手持ちもできる。
1万4300円

尾道・島？

JR尾道駅から約1.6km続くアーケード商店街・尾道本通り。タイムスリップしたかのようなレトロな店と今風の店が混在。地元の産物を生かした加工品や小粋な雑貨などが並び、見ているだけでも楽しい。

ズラリと並ぶおすすめ商品

尾道ええもんや
おのみちええもんや

尾道本通り周辺 **MAP** 付録P.15 F-1

「ええもん」とは尾道の言葉で良質な商品という意味。明治時代の商家をリノベーションした尾道観光土産品協会の直営店舗。尾道ラーメンや銘菓、海産加工品などの尾道みやげが揃う。

☎0848-20-8081
所広島県尾道市十四日元町4-2 営10:00～18:00 休不定休 交千光寺山ロープウェイ・山麓駅から徒歩2分 Pなし

⬆尾道最大級のみやげ店、豊富な品揃えだ

尾道手拭
尾道をモチーフに大学生がデザイン。渡船、石段など8種。各770円

尾道紅茶
レモン（左）・八朔（右）
瀬戸田産の完熟レモン、しまなみ因島産のハッサク。各756円

さくらハンドクリーム
さらさらパウダーがべとつかず、シルキーな肌を演出。765円

地元で愛される甘味処

昇福亭長江店
しょうふくていながえてん

尾道本通り周辺 **MAP** 付録P.15 F-1

人気の八朔大福は、ハッサクのほどよい苦みと餡の甘みが絶妙な味わいの一品。それを包む求肥にもハッサクが練り込んである。懐かしいかしわ餅や赤飯、おこわなどが店頭に並ぶ。

☎0848-37-2299
所広島県尾道市十四日元町2-17 営10:00～18:00（品切れ次第閉店） 休木曜 交千光寺山ロープウェイ・山麓駅から徒歩3分 Pなし

豆餅
塩味だが食べると餅の甘さが口の中に広がる

八朔大福
さっぱりした味わいが特徴、売り切れ必至の商品。白餡（左）とこしあん（右）

もっちりだんご
米粉ともち粉をブレンド、餡は十勝産の小豆を昔ながらの製法で作る、つぶ餡のヨモギとこし餡のシロ

⬆レトロなたたずまいのテイクアウト専門店

尾道からのアイランドホッピング
しまなみ海道 <small>しまなみかいどう</small>

尾道から愛媛県・今治を結ぶ海の道。絶好のドライブルートとして、サイクリングコースとして人気急上昇中。

大島（愛媛県）の亀老山展望公園からの見事な眺望

サイクリング、ドライブ、船・・・ 美しい島々を好きなスタイルで巡る

尾道〜今治間に浮かぶ6つの島を結ぶ「しまなみ海道」は自動車専用道路にサイクリング用レーンが併設されている。沿線には、自転車のレンタル施設・サービスが充実していて、乗り捨ても可能なので、好きな区間のみ走行することができる。それぞれの島々にも見どころは多く、柑橘類や塩など、さまざまな特産品がある。

しまなみ海道出発点 **広島県 尾道市**

向島 <small>むかいしま</small>

本州からの玄関口で、尾道市街とは橋と渡船でつながっている。温暖な気候を生かして洋ランやミカンが栽培され、マリンスポーツやマリンレジャーも盛ん。国立公園の高見山も有名。

立ち寄りスポット

向島洋らんセンター ➡**P.112**

尾道市役所向島支所しまおこし課
☎0848-44-0110

村上水軍ゆかりの地 **広島県 尾道市**

因島 <small>いんのしま</small>

因島水軍城など、南北朝から戦国時代にかけて活躍した因島村上海賊の史跡が点在。約700体の石仏が並ぶ白滝山の山頂からは美しい夕日が眺められる。ハッサクの発祥地としても知られる。

立ち寄りスポット

因島水軍城 ➡**P.112**

（一社）因島観光協会
☎0845-26-6111

アートにふれる島 **広島県 尾道市**

生口島 <small>いくちじま</small>

日本画家・平山郁夫の出身地で、平山郁夫美術館をはじめ芸術的な見どころがいっぱい。平坦な道が多いので、サイクリングにも最適。香り高い瀬戸田レモンは、全国に誇るブランドレモン。

立ち寄りスポット

平山郁夫美術館 ➡**P.113**
耕三寺博物館（耕三寺）➡**P.112**

尾道市瀬戸田支所しまおこし課しまおこし係
☎0845-27-2210

地図上のラベル

三原市
河内駅
広島空港
IC
本郷IC
三原久井IC
尾道IC
尾道JCT
山陽自動車道
西瀬戸尾道IC
新尾道駅
尾道大橋出入口
本郷駅
山陽新幹線
山陽本線
糸崎駅
三原駅
しまなみ海道
向島洋らんセンター P.112
広島県
須波駅
小佐木島
向島IC
向島
竹原駅
安芸津駅
忠海駅
呉線
佐木島
安芸幸崎駅
賀茂川
阿波島
因島北IC
因島水軍城 P.112
しまなみドルチェ本店 S
P.117
高根島
小久野島
瀬戸田町観光案内所 i P.116
因島南IC
因島
生野島
P.113 平山郁夫美術館 ★
生口島北IC
佐組島
P.112 耕三寺博物館(耕三寺) ★
島ごころSETODA S P.117
生口島
瀬戸田サンセットビーチ P.117
大三島
生口島南IC
生名島
弓削島
P.113 大山祇神社 ⛩
大三島IC
多々羅大橋 P.116
小三島
大横島
岩城島
P.113 伯方塩業 大三島工場 ★
317
道の駅 多々羅しまなみ公園 P.117
佐島
小上島
P.117 大三島Limone S
伯方島
P.116 鼻栗瀬戸展望台 ★
開山公園 P.113
柏島
P.116 大三島橋 ★
伯方島IC
大下島
肥島
愛媛県
鵜島
道の駅 マリンオアシスはかた P.116
317
大島北IC
大島
能島水軍 P.113
津島
大突間島
大島南IC
317
小島
波止浜駅
亀老山展望公園 P.113
波方駅
予讃線
今治北IC
今治IC
N
0　　　　5km

お役立ちinformation

高速バスを使って移動する
高速バスと路線バスを使って各島へ向かう。

●尾道方面から向島、因島、生口島へ
尾道駅前からおのみちバス尾道因島線で向島、因島へ(因島までは本四バス因島土生港行きでもアクセス可能)。生口島まではおのみちバス瀬戸田線が運行している。

●尾道方面から大三島、伯方島、大島へ
尾道駅からおのみちバスに乗り、因島大橋バス停で高速バス・しまなみライナーに乗り換えて各島へ向かう。

●今治方面から向島、因島、生口島へ
今治から高速バス・しまなみライナーで各島へ。

●今治方面から大三島、伯方島、大島へ
今治からせとうちバスで各島へアクセス可能。

船を使って移動する
島々を結ぶ航路は多いが、旅行者にとって便利な航路は以下のとおり。

●尾道駅前から向島へ
尾道駅前の桟橋から複数の渡船が出ており、便数も多い。車の乗船が可能な渡船もある。

●尾道駅前から因島、生口島へ
尾道駅前の桟橋から乗船し、重井港(因島)などを経由して瀬戸田港(生口島)へ向かう「尾道〜瀬戸田航路」を利用(1日7〜8便の運航)。

高速道路を使う場合の注意
瀬戸内しまなみ海道(西瀬戸自動車道)はハーフインターとなっているインターチェンジがあるので注意が必要。尾道大橋出入口、因島、生口島、大島の各IC、今治北ICは出入りする方向が制限されている。目的地への経路を事前に調べて向かうようにしたい。

サイクリングルート ➡P.116

しまなみ海道

神聖なパワースポット　【愛媛県 今治市】
大三島
おおみしま
島に鎮座する大山祇神社は、日本建立の大神とされる大山積大神を祀る由緒ある神社で、パワースポットとしても名高い。美術館や温泉・海水浴場など、観光スポットも充実している。

立ち寄りスポット
大山祇神社 ➡P.113
伯方塩業 大三島工場 ➡P.113

今治地方観光情報センター
☎0898-36-1118

塩グルメを満喫　【愛媛県 今治市】
伯方島
はかたじま
製塩業と海運業の歴史が古い島で、「伯方の塩」で有名。開山公園は桜の名所で、春には約1000本の桜が園内に咲き乱れる。島内では、伯方の塩を使ったラーメンやスイーツも楽しめる。

立ち寄りスポット
開山公園 ➡P.113

今治地方観光情報センター
☎0898-36-1118

四国に最も近い島　【愛媛県 今治市】
大島
おおしま
能島村上海賊の本拠地だった島。村上海賊ミュージアムではゆかりの品々を展示している。来島海峡大橋を望む亀老山展望公園からの眺めは、しまなみ海道のなかでも屈指。

立ち寄りスポット
亀老山展望公園 ➡P.113
能島水軍 ➡P.113

今治地方観光情報センター
☎0898-36-1118

しまなみ海道の見どころ

瀬戸内海に輝く
島文化を知る

瀬戸内海に浮かぶ島々の美しい景色は、しまなみ海道ならでは。
サイクリングやドライブのなかでお気に入りの景色を見つけたい。

↑さまざまな洋ランが栽培されている

因島水軍城

いんのしますいぐんじょう
因島 **MAP** 付録P.18 B-3

村上海賊の資料館

瀬戸内海で活躍した村上海賊の武具や甲冑、戦法を記した古文書など、数々の貴重な資料を展示している。

➡白糸緋糸段威腹巻は県の重要文化財に指定

☎0845-24-0936
所広島県尾道市因島中庄町3228-2
時9:30～17:00（最終入館16:30）
休木曜
料330円 交因島北ICから車で5分 Pあり

↑タイムスリップした気分になれる資料館

向島洋らんセンター

むかいしまようらんセンター
向島 **MAP** 付録P.18 C-2

一年を通じて洋ランを販売

向島で栽培された洋ランを販売している。芝生広場や高見山展望台に続く遊歩道もあり、のんびり過ごせるスポット。

↑洋ランの育て方の疑問にも答えてもらえる

☎0848-44-8808 所広島県尾道市向島町3090-1
時9:00～17:00 休火曜（祝日の場合は翌日）
料無料 交向島ICから車で5分 Pあり

耕三寺博物館（耕三寺）

こうさんじはくぶつかん（こうさんじ）
生口島 **MAP** 付録P.18 A-3

母への感謝を込めた「母の寺」

鋼管溶接のパイオニア・耕三寺耕三が建立。有名寺院を手本にした堂塔伽藍が目を引く。大理石庭園の「未来心の丘」も必見。

☎0845-27-0800 所広島県尾道市瀬戸田町瀬戸田553-2 時9:00～17:00（入場は～16:30）
休無休 料1400円 交生口島北ICから車で10分
Pあり

↑日光東照宮の陽明門を参考にした孝養門

↑杭谷一東（くえたにいっとう）氏制作の大理石の庭園

⤴平山芸術の原点にふれることができる

平山郁夫美術館
ひらやまいくおびじゅつかん
生口島 MAP 付録P.18A-3

生口島出身画家の偉業を知る

現代日本を代表する日本画の巨匠・平山郁夫の偉業を紹介。幼少期の作品やスケッチ、さらに後年のシルクロードの大作まで幅広い展示。
☎0845-27-3800
所広島県尾道市瀬戸田町沢200-2
開9:00～16:30 休無休 料1000円～
交生口島北ICから車で10分 Pあり

能島水軍
のしますいぐん
大島 MAP 付録P.3F-4

渓流のような潮流を体感

船上から潮流の速い宮窪瀬戸が見学できる。間近に見る潮流は迫力満点。乗船は村上海賊ミュージアム前。
☎0897-86-3323 所愛媛県今治市宮窪町宮窪1293-2 営9:00～16:00(1時間ごと、2名以上で運航) 休月曜(祝日の場合は翌日) 料潮流体験1500円 交大島北ICから車で5分 Pあり

⤴船に乗って水軍の気分を味わって

亀老山展望公園
きろうさんてんぼうこうえん
大島 MAP 付録P.3F-4

海道屈指の絶景

大島の南端に位置。世界初の三連吊橋である来島海峡大橋が一望でき、晴れた日には四国の石鎚山も見える。

☎0897-84-2111(今治市役所吉海支所)
所愛媛県今治市吉海町南浦487-4
開休料入園自由
交大島北ICから車で15分 Pあり

大山祇神社
おおやまづみじんじゃ
大三島 MAP 付録P.3F-3

神の島を象徴する場所

天照大神の兄神である大山積大神を祀る。国宝や国の重要文化財である武具などの収蔵品数百点は、歴代の武士や朝廷などが奉納した貴重なもの。
☎0897-82-0032 所愛媛県今治市大三島町宮浦3327 開境内自由、宝物館8:30～16:30 休無休 料宝物館1000円 交大三島ICから車で10分 Pなし(近隣駐車場利用)

⤴室町時代に再建された拝殿

⤴樹齢約2600年という楠の巨木

伯方塩業 大三島工場
はかたえんぎょう おおみしまこうじょう
大三島 MAP 付録P.3F-4

こだわりの塩作りを知る

輸入天日塩田塩と日本の海水を原料とした「伯方の塩」の製造工程を見学できる。
☎0897-82-0660 所愛媛県今治市大三島町台32 営9:00～16:00(受付は～15:30) 休不定休 料工場見学は無料(最新情報はHPを確認) 交大三島ICから車で15分 Pあり

⤴敷地内には昔の塩田を再現

開山公園
ひらきやまこうえん
伯方島 MAP 付録P.18A-4

桜と海を眺める名所

桜の名所として知られ、春には多くの花見客が訪れる。展望台をはじめ、すべり台やジャングルジムなどの遊具も配置。
☎0897-72-1500(今治市伯方支所住民サービス課) 所愛媛県今治市伯方町伊方開山 開休料入園自由 交伯方島ICから車で10分 Pあり

⤴桜と青い海とのコントラストが美しい

⤴ライトアップされる橋や夜景も見もの

潮風を感じて プチ・サイクリング

生口島から伯方島へ

しまなみ海道は心地よいサイクリングが
楽しめる「サイクリストの聖地」。
初心者でも気軽にトライできるので、
さわやかな瀬戸の風景とともに
旅のアクティビティを楽しんで。

短い距離でもOK! 気軽に島めぐりを

　たくさんの島が連なる美しい瀬戸内海。車もいいけれど、一瞬で通り過ぎてしまうのはもったいない。自転車のゆるやかなスピードでしか体感できない空気や風景など、サイクリングには新発見がちりばめられている。

　「サイクリストの聖地」といわれるだけあり、周辺環境は抜群。自転車は乗り捨て可能だから、無理のない距離を走れて便利。ところどころにコインロッカーやシャワー、温泉施設、フリーWi-Fiスポットも設置されている。

海風を感じられる海岸沿いのコース

　尾道からフェリーで生口島の瀬戸田港へ。徒歩10分ほどで、自転車がレンタルできる瀬戸田観光案内所へ到着。ここからサンセットビーチを通り、生口島を半周。多々羅大橋の上で広島県と愛媛県をまたぎ、大三島橋までは海岸沿いの道がずっと続く眺めの良いコースを走る。

　しまなみ海道のなかでも形が美しいといわれる2つの橋を渡るのもこのコースならでは。塩で有名な伯方島のレンタサイクルターミナル「道の駅 マリンオアシスはかた」まで、無理なく楽しむことができる。

大三島にある多々羅しまなみ公園でひと休み

高台にある鼻栗瀬戸展望台。瀬戸の多島美を眺めてしばし時を忘れる

海か見渡せる多々羅しまなみ公園のレストランで休憩&ランチ

生口島の多々羅大橋入口にあるレモンベンチ

潮風を感じて、サイクリング

レンタサイクル information

しまなみ海道の各島にレンタサイクルターミナルがある。各ターミナルでは予約を受け付けていないので注意。予約はしまなみジャパン

☎0848-22-3911 shimanami-cycle.or.jp/

↑試乗して自分がいちばん乗りやすい自転車を選ぶ

主なレンタサイクルターミナル

●尾道
尾道港（駅前港湾駐車場）
所尾道市東御所町地先 ☎7:00～19:00(12～2月8:00～18:00) 休無休

●生口島
瀬戸田町観光案内所 ➡P.116
瀬戸田サンセットビーチ ➡P.117
☎9:00～17:00

●大三島
上浦レンタサイクルターミナル
（道の駅 多々羅しまなみ公園） ➡P.117

●伯方島
伯方レンタサイクルターミナル
（道の駅 マリンオアシスはかた）
➡P.116

レンタル料金など

自転車種類	料金	乗り捨て	日数
クロスバイク、シティサイクル	1日3000円	可	複数日OK
電動アシスト自転車	1日4000円	可	要当日返却
E-bike	1日8000円	可（3カ所のみ）	要当日返却

※電動アシスト自転車、E-bikeは貸し出しのないターミナルもある。

海も空も広く心地よい瀬戸田サンセットビーチ

サイクリングルート

広島県の生口島を半周し、愛媛県の大三島、伯方島の3島、
2つの橋を巡り、海を身近に感じることができるコース。

所要◆約2時間

自転車は車両扱いになるので左
側通行で。ほかの自転車と並ん
で走ったり、歩行者の妨げにな
らないよう注意しよう。また安
全のためにヘルメットを着用す
るのがおすすめ。

瀬戸田町観光案内所
せとだちょうかんこうあんないじょ

⬇ 県道81号
3.7km・約15分

1 瀬戸田サンセットビーチ
せとだサンセットビーチ

⬇ 国道317号、しまなみ海道
4.6km・約18分

2 多々羅大橋
たたらおおはし

⬇ しまなみ海道、国道317号
1.7km・約7分

3 道の駅 多々羅しまなみ公園
みちのえき たたらしまなみこうえん

⬇ 国道317号
5.6km・約22分

4 鼻栗瀬戸展望台
はなぐりせとてんぼうだい

⬇ しまなみ海道
1.0km・約4分

5 大三島橋
おおみしまばし

⬇ しまなみ海道、国道317号
3.4km・約14分

道の駅 マリンオアシスはかた
みちのえき マリンオアシスはかた

瀬戸田町観光案内所
MAP 付録P.18A-3
☎0845-27-0051 ㊟広島県尾道市瀬戸
田町沢200-5 ㊬9:00〜17:00 ㊡無休
㊋瀬戸田港から徒歩13分／平山郁夫美
術館バス停から徒歩1分 ㊿あり

道の駅 マリンオアシスはかた
MAP 付録P.3F-4
☎0897-72-3300 ㊟愛媛県今治市伯
方町叶浦甲1668-1 ㊬9:00〜17:00、
レストラン11:00〜14:00 ㊡無休
㊋伯方島ICから車で1分 ㊿あり

瀬戸田町観光案内所
高根島 瀬戸田港
START

しまなみドルチェ本店 Ⓢ
★平山郁夫美術館 P.113
Ⓢ島ごころSETODA

P.112耕三寺博物館(耕三寺)★

瀬戸田サンセットビーチ **1**

生口島

観音山▲

多々羅大橋
2

3 道の駅 多々羅しまなみ公園

大三島IC

瀬戸内しまなみ海道
(西瀬戸自動車道)

上浦PA

Ⓢ大三島Limone
▲開山

★開山公園 P.113

伯方島

5 大三島橋
4 鼻栗瀬戸展望台

道の駅マリン
オアシスはかた
GOAL

大三島

道の駅マリン
オアシスはかたでは、
おみやげのほか「釜
あげしらす丼」980
円や「伯方の塩ソフ
ト」S300円なども

▷白い橋が、島々の緑と
海の青に映えて美しい

★平山郁夫美術館 P.113

2 多々羅大橋
たたらおおはし

生口島〜大三島
MAP 付録P.18A-4

眺めても渡っても美しい橋

鳥が羽を広げたような美しい形で、
完成当時は世界最長の斜張橋。
橋長1480mの海上の風を感じて。

☎0848-44-3700(本州四国連絡高速道路
しまなみ尾道管理センター)
㊱自転車無料(しまなみサイクリングフリ
ー期間中の場合。通常料金100円)

◁主塔下の「鳴き龍」
はと自転車歩行者道の
みで体験できる

4 鼻栗瀬戸展望台
はなぐりせとてんぼうだい

大三島 **MAP** 付録P.18A-4

アーチ橋を真横から望む

すぐ近くに迫る島々の景色、海
峡を行き来する船を小高い丘か
ら一望できる。

☎0897-87-3000(今治市役所上浦支所
住民サービス課)㊟愛媛県今治市上
浦町瀬戸4658-2 ㊿なし ㊖㊗㊞見学自由

◁展望台には天皇陛下の
来島記念句碑も

5 大三島橋
おおみしまばし

大三島〜伯方島
MAP 付録P.18A-4

きれいな弧を描く白い橋

全長328mのしまなみ海道で唯
一のアーチ型の橋。地元の人が
行き来する生活道路でもある。

☎0898-23-7250(本州四国連絡高速道
路しまなみ今治管理センター)
㊱自転車無料(しまなみサイクリングフ
リー期間中の場合。通常料金50円)

1 瀬戸田サンセットビーチ

せとだサンセットビーチ

→ キャンプや、夏には
シーカヤック体験も可能

生口島 **MAP** 付録P.18A-3

日本の水浴場88選にも選ばれた海岸

約800m続く砂浜。夏には海水浴場が開設
され、多くの人で賑わう。

☎0845-27-1100
所広島県尾道市
瀬戸田町垂水
1506-15
開料入場自由
Pあり

3 道の駅 多々羅しまなみ公園

みちのえき たたらしまなみこうえん

大三島 **MAP** 付録P.18A-4

サイクリストの聖地

生け簀のある大きなレストラ
ンやおみやげ店がある。地
元の特産品も充実。

☎0897-87-3866
所愛媛県今治市上浦町井口9180-2
開9:00〜17:00、レストラン11:00
〜15:00(LO)
休無休(冬季休業あり) Pあり

←世界有数の斜張橋「多々羅大橋」のたも
とにある、サイクリストの聖地として親し
まれる道の駅

立ち寄りスポット

しまなみドルチェ本店

しまなみドルチェほんてん

MAP 付録P.18 B-3

フレッシュで種類豊富なフレー
バー。選ぶのに迷いそう!

瀬戸田のレモンや尾道の
レモンなどが人気

☎0845-26-4046 所広島県尾道
市瀬戸田町林20-8 開10:00〜
17:00 休無休 交海洋センター
前バス停から徒歩5分 Pあり

島ごころSETODA

しまごころセトダ

MAP 付録P.18A-3

香り高い瀬戸田レモンの風味
を味わえるお菓子が並ぶ。

☎0845-27-0353 所広島県尾道
市瀬戸田町209-32 開10:00〜
18:00 休無休 交瀬戸田港から
徒歩10分 Pあり

果皮を練り込んだレモンケーキ
「島ごころ」シリーズ

大三島Limone

おおみしまリモーネ

MAP 付録P.18A-4

自家農園の無農薬柑橘で作る
オリジナル商品が人気の店。

☎0897-87-2131(問い合わせの
み) 所愛媛県今治市上浦町瀬戸
2342 開11:00〜17:00 休火・
金曜 交大三島ICから車で7分/
上浦バス停から徒歩16分 Pあり

リモンチェッロを
使ったオリジナル
ドルチェも人気

しまなみ海道サイクリングや 尾道旅行の拠点にしたい!

尾道の潮風を感じながら過ごしたい

ONOMICHI U2

オノミチ ユーツー

尾道駅周辺 **MAP** 付録P.12A-4

瀬戸内のカルチャーの新たな
発信拠点となるサイクリスト
フレンドリーな複合施設。ホ
テル、レストラン、カフェ、
ショップが揃い、尾道でのゆ
ったりした時間を楽しめる。

☎0848-21-0550
所広島県尾道市西御所町5-11
営ショップにより異なる 交
JR尾道駅から徒歩5分 Pなし

↑洗練された建物は建築家・
谷尻誠氏、吉田愛氏の設計

気になるスポットをクローズアップ

瀬戸内の食材や島の幸を堪能

The RESTAURANT・ KOG BAR

ザ レストラン・コグ バー

店内はオープンキッチンのある開放
的な空間。尾道の地魚や県内産地鶏
の「広島赤鶏」など、新鮮な食材の炭
火焼き料理が味わえる。オリジナル
カクテル、世界各地から集めたカジ
ュアルワインも。

☎0848-21-0563
営7:30〜21:30
(LO21:00)
休無休

予約	望ましい
予算	
B	1320円〜
L	1760円〜
D	3000円〜

↑明るく開放的な店内

↑広島県産熟成鶏の炭火焼き

↑隣接する Butti Bakery
のパンを提供

サイクリストにうれしい

HOTEL CYCLE

ホテル サイクル

アメニティが充実してい
るので、身軽な自転車旅
行でも心強いホテル。

☎0848-21-0550(ONOMICHI
U2) 料ツイン1万9000円〜(1
泊素泊まり) 休無休

↑自転車ごと宿泊できる

自転車のプロが常駐

ジャイアントストア尾道

ジャイアントストアおのみち

プロのスタッフに安心し
て愛車のメンテナンスを
頼めるのが魅力。

☎0848-21-0068 開9:00〜
18:00 休無休

↑レンタサイクル・レンタル
ウェアも利用可

古き良き時代に帰れる場所
鞆の浦 とものうら

潮待ちの港として栄えた鞆の浦。江戸時代の建造物が数多く残る
港町の風景が郷愁を誘う。

散策のポイント

- 高台に建つ寺や史跡から、瀬戸内海の大パノラマを一望
- 坂本龍馬にまつわるスポットで「いろは丸事件」を学ぶ
- 仙酔島に渡り、大自然のなかでハイキングや海水浴を楽しむ

鞆の浦のシンボルである常夜燈と斜面に沿って広がる街並み

『崖の上のポニョ』のイメージを膨らませた
古い街並みと風光明媚な景観が溶け合う港町

瀬戸内海のほぼ中央、沼隈半島の先端に位置する鞆の浦。潮の分かれ目となる地点にあり、古くから潮待ちの港として賑わってきた。港周辺には、江戸時代に築かれた港湾施設や古い商家など、往時の繁栄を物語る史跡が点在。近年は宮崎 駿 監督がアニメ『崖の上のポニョ』の構想を練った街としても知られ、情緒ある風景が注目を集めている。

あたり一帯は日本初の国立公園に指定された景勝地で、瀬戸内海の眺めは格別。少し足をのばせば、自然豊かな仙酔島の散策も楽しめる。平成30年（2018）5月には、日本遺産に認定された。

江戸情緒香る港の風景

近世の港の姿を残す鞆港。江戸時代の常夜燈、雁木、波止、焚場跡、船番所跡がすべて現存するのは国内唯一とされる。

常夜燈
じょうやとう

MAP 付録P.19 D-2

安政6年（1859）に建造された鞆の浦のシンボル。基礎部分を含む高さは約10mで、港の常夜燈としては日本最大級。

鞆の浦へのアクセス

●バスでのアクセス
尾道、倉敷からはJR山陽本線で福山駅までアクセスし、路線バスに乗り換える。

●各地からJR福山駅へ
JR尾道駅から山陽本線で約19分。
JR倉敷駅から山陽本線で約40分。

●JR福山駅から鞆の浦へ
JR福山駅から鞆の浦バス停まではトモテツバス・鞆線鞆港行きで約30分(終点鞆港バス停までは32分)。

➡ JR福山駅から出発

●車でのアクセス
山陽自動車道の最寄りICは福山西IC。
●福山西ICへ
尾道ICから山陽自動車道で6km・約6分。
福山西ICから鞆の浦までは国道2号、県道22号経由で25km・約45分。

●船でのアクセス
土・日曜、祝日は尾道駅前桟橋〜鞆の浦間を渡船が運航している(1日2便)。所要約1時間。冬季は運航なし。荒天時は欠航の場合あり。
☎0848-36-6113(瀬戸内クルージング)
⏰9:00〜17:00 💴片道2500円

⬆ 瀬戸内の旅情あふれるクルージングが楽しい

鞆の浦観光情報センター

観光に便利な地図やパンフレットが揃う。また60以上の観光スポットを音声ガイドで案内してくれる端末の貸し出し(1回1台500円)も行っているので、鞆の浦に着いたら最初に立ち寄るのがおすすめ。地元のボランティアによるガイド2時間2500円〜(3日前までに要予約)など豊富なサービスを提供している。
☎084-982-3200
🏠広島県福山市鞆町鞆416 ⏰9:00〜18:00
🚫無休 🚃鞆の浦バス停下車すぐ
🅿あり(有料)

レンタサイクルで街を巡る

鞆の浦の見どころのほとんどは徒歩や自転車でまわることができる。市営渡船場横の入江豊三郎本店渡船店で自転車を借り、さわやかな風を感じながら郷愁の街めぐりを楽しむのもよい。

レンタサイクル福山鞆の浦
☎084-970-5225(入江豊三郎本店渡船場店)
🏠広島県福山市鞆町623-6 市営渡船場横
⏰10:00〜16:30(受付は〜15:30)
🚫無休 💴1日500円 🚃鞆港バス停下車すぐ
🅿隣接の市営駐車場利用

雁木
がんぎ

MAP 付録P.19 D-2
船荷の積み下ろしに用いられた船着場の石段。 約150mもの雁木が残る港は全国でも珍しい。

波止
はと

MAP 付録P.19 D-2
波を防ぐため、江戸時代から幾度も造営が繰り返された。自然石を積み上げた構造が美しい。

船番所跡
ふなばんしょあと

MAP 付録P.19 E-2
高台から港を出入りする船を監視、監督をするための施設。遠見番所とも呼ばれた。石垣は、江戸時代のものが今も残る。

11

鞆の浦の見どころ

穏やかな海と
江戸風情漂う家並み

街のシンボル・常夜燈がある鞆港周辺に、
歴史ある商家の屋敷跡や寺院などが点在する。

↑對潮楼からの眺め。大小の島々が浮かぶ瀬戸内海が広がる

いろは丸展示館
いろはまるてんじかん
MAP 付録P.19 D-2

衝突事故の痕跡を伝える

慶応3年(1867)、坂本龍馬ら海援隊が乗った船「いろは丸」が、鞆沖合で紀州藩船と衝突し沈没。その後の潜水調査で引き揚げられた遺物を展示する。

☎084-982-1681
所広島県福山市鞆町鞆843-1
時10:00～16:30 休無休 料200円
交鞆港バス停から徒歩5分 Pなし

↑登録文化財の蔵を利用
↑龍馬らが身を隠した部屋をリアルに再現

對潮楼
たいちょうろう
MAP 付録P.19 E-2

絶景を見渡す迎賓館

福禅寺の本堂に隣接する客殿。抜群の眺望を誇り、朝鮮通信使の高官が「日東第一形勝」と絶賛したという。いろは丸事件の際、龍馬と紀州藩との談判場所にもなった。

↑元禄年間に建てられ、福山藩の迎賓館として使用された

☎084-982-2705(福禅寺)
所広島県福山市鞆町後地2
時9:00～17:00(土・日曜、祝日8:00～) 休無休
料200円 交鞆港バス停から徒歩3分 Pなし

医王寺
いおうじ
MAP 付録P.19 D-2

↑空海の開基と伝わる寺

港を見下ろす真言宗の古刹

鞆の浦で2番目に古い寺。山の中腹に位置し、鞆の浦全景が一望できる。特に、本堂から石段を上った途中にある太子殿からの眺めは素晴らしい。

☎084-982-3076
所広島県福山市鞆町後地1396
休無休 料拝観自由
交鞆港バス停から徒歩10分
Pなし

桝屋清右衛門宅
ますやせいえもんたく
MAP 付録P.19 E-1

龍馬の隠れ部屋を公開

いろは丸事件の際、坂本龍馬をはじめ海援隊が宿泊した屋敷。命を狙われていた龍馬は、才谷梅太郎という変名を使って屋根裏の隠し部屋に身を潜めたという。

☎084-982-3788
所広島県福山市鞆町鞆422
時9:00～16:30
休火～木曜(祝日の場合は開館)
料200円、小学～高校生100円
交鞆の浦バス停から徒歩5分 Pなし

↑海運業で栄えた商家

↑龍馬が隠れた屋根裏部屋が現存。龍馬が書いた手紙の複製なども展示している

仙酔島

せんすいじま

MAP 付録P.19 F-1

神秘的な小島

周囲約6kmの小さな島。太古の自然が残り、仙人が酔うほど景色が美しいことから名がついたといわれる。島内には展望台が点在しており、町並みや海景色が楽しめる。

☎084-928-1042(福山市観光課)
🚃鞆の浦から市営渡船で5分

⬆夏は海水浴客で賑わう田ノ浦海岸

⬅鞆の浦から市営渡船で約5分の場所にある

太田家住宅

おおたけじゅうたく

MAP 付録P.19 D-2

保命酒の蔵元として繁栄

江戸時代から保命酒の製造販売で栄えた中村家の邸宅。主屋や酒蔵など9棟からなり、国の重要文化財に指定。三条実美ら七卿が滞在したことでも知られる。

☎084-982-3553
所広島県福山市鞆町鞆842 時10:00〜17:00(入場は〜16:30) 休火曜(祝日の場合は翌日) 料400円 🚃鞆港バス停から徒歩5分 Pなし

⬆丁字や葛根など、保命酒の原料となる生薬がずらりと並んでいる

⬅明治時代に太田家の所有となった

鞆の津の商家

とものつのしょうか

MAP 付録P.19 E-2

典型的な町家建築

江戸時代末期築の主屋と土蔵からなる。主屋は、通り庭に面して店の間、中の間、奥の間が一列に並ぶ古い商家の間取りが特徴。毎週土・日曜と祝日は内部を見学できる。

⬆市の重要文化財に指定
☎084-982-1121(福山市鞆の浦歴史民俗資料館)
所広島県福山市鞆町鞆606 時10:00〜16:00 休月〜金曜(祝日の場合は開館) 料無料 🚃鞆港バス停から徒歩5分 Pなし

圓福寺・大可島城跡

えんぷくじ・おおが(たいが)しまじょうあと

MAP 付録P.19 E-2

眺望抜群の城跡に建つ寺

慶長年間(1596〜1615)に鞆城が築かれて陸続きとなった大可島。その城跡にある圓福寺は、いろは丸事件で坂本龍馬の談判相手となった紀州藩の宿舎としても使われた。

⬆朝鮮通信使の定宿でもあった
☎084-982-2508 所広島県福山市鞆町鞆10 時10:00〜16:00(要予約) 休無休 料200円 🚃鞆港バス停から徒歩5分 Pなし

鞆の浦の特産品 保命酒を味わう

保命酒は、江戸時代初期に医師が考案した薬味酒。みりん酒をベースに16種類の生薬を漬け込んで造られる。現在は4軒の酒蔵で製造している。

保命酒屋

ほうめいしゅや

MAP 付録P.19 D-2

4軒の蔵元のなかで最も古い明治12年(1879)創業。店主が焼いた徳利入りの保命酒も人気がある。

⬆重厚な外観。店先には生薬も

☎084-982-2011(代表)
所広島県福山市鞆町鞆841-1 時10:00〜17:00 休無休 🚃鞆港バス停から徒歩5分 Pなし

入江豊三郎本店

いりえとよさぶろうほんてん

MAP 付録P.19 E-1

明治時代から変わらず、蒸米から麹作りまでほぼ手作業。店内には展示コーナーもある。

☎084-982-2013
所広島県福山市鞆町鞆534 時9:00〜17:00 休無休 🚃鞆の浦バス停から徒歩3分 Pあり

⬆保命酒 900ml瓶 1990円

尾道、鞆の浦…。瀬戸内の港町の記憶をたどる

海賊も庶民も往来した海の道

海外交通の大動脈として、古来より多くの人や物資が瀬戸内海を往来した。
瀬戸内の穏やかな海の風景は、いつの時代にも訪れた人々の心を魅了する。

7〜8世紀　瀬戸内の風景に魅了される

『万葉集』と鞆の浦

**古代の人々が船旅の途上で目にした鞆の浦
旅人は美しい海の情景を和歌や漢詩に表した**

　瀬戸内海の中央に位置する鞆の浦は、古くから「潮待ちの港」として栄えた。満潮時に潮は東と西から鞆の浦に流れ込み、逆に干潮時には鞆の浦から東西へ流れ出す。潮の流れに乗って航行した時代には、鞆の浦で潮流の変化を待つ必要があった。大宰府へ赴く官吏や防人、遣唐使らが、潮待ちのために鞆の浦に滞在し、波間に島々の浮かぶ絶景を楽しんだ。奈良時代の『万葉集』には、旅人らが鞆の浦を詠んだ8首の歌が収められている。大宰帥・大伴旅人も、鞆の浦の情景に亡き妻を偲ぶ歌を詠んでいる。
「我妹子が　見し鞆の浦の　むろの木は　常世にあれど　見し人ぞなき（妻があの日に眺めた鞆の浦のムロの木は今も変わらないのに、それを見た妻はもういない）」
　鞆の浦の景勝に心を動かされたのは日本人だけではない。江戸時代には、李氏朝鮮から派遣された朝鮮通信使が、官舎のあった鞆の浦の福禅寺に滞在。客殿「對潮楼」からの海の眺望を「日東第一形勝」（日本一の景勝）と称賛した。

村上海賊　瀬戸内で活躍した海賊

　南北朝時代から、広く勢力を握ったのが村上海賊。能島、来島、因島の3家からなるため三島村上氏と呼ばれる。普段は輸送船から通行料を取って海上警護や水先案内をし、戦時には大名と手を組み、小船を操って海上戦に参加した。海の武士として活躍した彼らも、天正16年（1588）に豊臣秀吉が発布した海賊禁止令によって、徐々に衰退していった。

因島水軍城 ⊙ P.112
いんのしますいぐんじょう
因島 **MAP** 付録P.18 B-3

12〜19世紀　かつての海上輸送の重要ルート

交易ルートとしての海

**平清盛が瀬戸内海に海外交易の航路を築き
江戸時代に大型帆船の北前船が行き交った**

　広島県呉市と倉橋島の間にある狭い海峡「音戸の瀬戸」は、平清盛が平安末期に開削したと伝えられる。清盛が沈みゆく夕日を金の扇で戻し、一日で開削したとの「日招き伝説」が残る。安芸守だった平清盛は、音戸の瀬戸の開削のほか瀬戸内沿岸の港を整備し、それまで北九州止まりだった宋の貿易船を瀬戸内海経由で大坂の港まで引き入れた。宋から陶磁器などの舶来品や文化が瀬戸内に流入し、清盛は貿易で蓄財を増やし、沿岸寄港地も繁栄を享受した。
　江戸時代に瀬戸内海の海運業は最盛期を迎える。江戸初期に日本海沿岸と瀬戸内海、大坂を結ぶ西廻り航路が河村瑞賢らにより考案された。同じ頃、陸地の目標物を頼りに沿岸部を航行した地乗りから、沖合を進む沖乗りが始まった。これにより、北陸・東北方面から北前船と呼ばれる大型商船が瀬戸内海に頻繁に来航するようになり、各地の港町は活況を呈した。

◎呉市にある音戸の瀬戸

**北前船の一大交易地として発展した尾道
豪商たちの築いた街の面影が今も残る**

　瀬戸内海の北前船の寄港地で、特に賑わったのが尾道だ。北前船は、船頭が積み荷を仕入れ、各港で売りさばく「買い積み」が基本。日本海側からは米や水産物が持ち込まれ、尾道では特産の備後畳表や塩、綿などが買い取られた。港には船頭や豪商たちの邸宅や蔵が立ち並び、街は船乗りや商人たちで賑わった。豪商は街の整備を行い、船頭らも海を望む山腹に安全祈願の寺社を建て、尾道の街の基礎を築いた。北前船で賑わった瀬戸内海の海運業も、明治以降の鉄道の整備などで徐々に衰退していく。

⊕江戸時代の港湾施設を残す鞆の浦

| 18世紀〜 | 風光明媚な観光の海 |

瀬戸内を旅する人々

移動・輸送のための航路から観光航路へ
多島と橋の魅せる風景が新たな人気を呼ぶ

　江戸時代に瀬戸内海を往来したのは物資を運ぶ輸送船だけではない。庶民の旅行熱が高まっていった江戸後期には、寺社の参詣や湯治に行く人々を乗せた船が、瀬戸内海を行き交うようになる。

　安芸の宮島の厳島神社は、すでに日本三景のひとつとして知られていたため、観光を兼ねた参詣客で大いに賑わった。金毘羅詣でも定期便の金毘羅船が瀬戸内海を往来する人気ぶりだった。

　明治に入ると、大阪と九州の温泉地・別府を結ぶ湯治船の航路が開設された。明治45年（1912）に1000ｔ級の大型貨客船「紅丸」が就航し、瀬戸内方面から温泉観光地・別府へ向かう定期航路が人気を博した。

　昭和9年（1934）、瀬戸内海と沿岸一帯が日本初の国立公園「瀬戸内海国立公園」に制定されると、風光明媚な保養地として注目を集め、観光開発も進められた。昭和63年（1988）には、本州・岡山と四国・香川を結ぶ、道路鉄道併用の瀬戸大橋が開通。鉄道を海上でつないだ宇高連絡船はのちに廃止され、自動車や鉄道が海上を渡るようになる。

　1999年には、3つの本州四国連絡橋がすべて開通。二十余の橋が架けられた瀬戸内海に新たな風景の魅力が加わった。なかでも、芸予諸島の島々を結ぶしまなみ海道は、多島美を堪能できるドライブコース、サイクリングコースとして人気を呼んでいる。

⊕海外からも大勢の旅行者が訪れる
しまなみ海道

尾道・しまなみ海道・鞆の浦 歴史年表

西暦	元号	事項
B.C.6000頃		瀬戸内海の海域が形成される
730	天平2	万葉歌人・大伴旅人が鞆の浦の地で亡き妻を偲び、歌を詠む
934	承平4	瀬戸内海などに海賊が横行したため、朝廷が追捕海賊使を置く
1164頃	長寛年間	平清盛が呉市と倉橋島を結ぶ「音戸の瀬戸」開削工事に着手
1169	嘉応元	尾道が公認の港となり年貢米の積み出しが行われるようになる
1172	承安2	平清盛は日宋貿易振興のため、兵庫県神戸市に大輪田泊を築港し、音戸の瀬戸の修理などを行う
1349	正平4貞和5	能島村上氏が、東寺領の弓削庄（現在の愛媛県上島町）付近で海上警護を請け負う
1434	永享6	室町幕府が村上氏に遣明船の海上警固を命じる
1555	弘治元	厳島の戦いで村上海賊を味方につけた毛利元就が、厳島で陶晴賢を討つ
1588	天正16	豊臣秀吉が海賊禁止令を発布する
1597	慶長2	朝鮮出兵の際、尾道の豪商、渋谷与右衛門が軍需品などの海上輸送に携わる
1672	寛文12	河村瑞賢が日本海を経て瀬戸内海へ入り、大坂や江戸へ向かう西廻り航路を開き、北前船の尾道来航が始まる
1690頃	元禄年間	鞆の浦にある福禅寺の本堂に隣接した客殿（のちに朝鮮通信使によって對潮楼⊃P.120と命名）が創建される
1711	正徳元	朝鮮通信使の李邦彦が福禅寺の客殿（對潮楼）を「日東第一形勝」と称賛する
1867	慶応3	大坂への航海中であった坂本龍馬が乗った「いろは丸」が、鞆沖にて紀州の軍艦「明光丸」と衝突し、沈没。鞆の浦で賠償交渉を行う
1884	明治17	瀬戸内海航路を主力航路とした大阪商船開業
1912	明治45	大阪商船により、大阪と別府温泉を結ぶ貨客船「紅丸」が運航され、瀬戸内海がより賑わう
1934	昭和9	「瀬戸内海国立公園」が日本初の国立公園のひとつとして指定される
1988	昭和63	本州と四国を結ぶ瀬戸大橋が開通
1999	平成11	西瀬戸自動車道（しまなみ海道）が開通し、本州四国連絡橋の3ルートが揃う

⊕北前船の寄港地として栄えた尾道

瀬戸内の旅情に浸る宿

尾道、しまなみ海道、鞆の浦周辺

文人が愛した宿や映画の撮影地になった宿に、瀬戸内海の美しい景色と新鮮な海の幸…。欲張りで贅沢な旅館をご紹介。

全室オーシャンビューの温泉露天風呂付き

汀邸 遠音近音
みぎわてい をちこち

1. 瀬戸内の海や島々を借景にロビーでゆっくり過ごすのもおすすめ 2. 24時間いつでも楽しめる露天風呂 3. 眺望も魅力のアッパースイート

鞆の浦 **MAP** 付録P.19 E-2

江戸時代に創業し、十返舎一九や井伏鱒二などに愛された「宿屋籠藤」が前身。モダンな客室は豪華で、ロビーラウンジからは弁天島や仙酔島を望む。全室に露天風呂が付くほか、エステルームも充実している。

☎084-982-1575
所広島県福山市鞆町鞆629 交JR福山駅から鞆鉄バス・鞆港バス停下車すぐ（無料送迎バスあり） Pなし（ホテル鴎風亭の駐車場利用可） in15:00 out11:00 室17室 予1泊2食付2万9700円（別途入湯税150円）～

瀬戸内の多島美を一望屋上露天温泉から絶景を

ホテル鴎風亭
ホテルおうふうてい

1. ガラス張りのジャクジーを備えるビューバススイート 2. 展望露天風呂から絶景が望める（冬期はクローズ） 3. 瀬戸内の幸たっぷりの会席料理

鞆の浦 **MAP** 付録P.19 E-1

三方を海に囲まれた、オーシャンフロントの客室や露天風呂からは瀬戸内海に浮かぶ島々を一望できる。「瀬戸内和モダン」をテーマとしたジャクジー付きビューバススイートやプレミアムフロアなど多彩な客室が用意されている。

☎084-982-1123
所広島県福山市鞆町鞆136 交JR福山駅から鞆鉄バス・鞆の浦バス停下車、徒歩5分（無料送迎バスあり） Pあり in15:00 out10:00 室43室 予1泊2食付2万2000円～

木のぬくもりに癒やされる登録有形文化財の宿

西山本館
にしやまほんかん

尾道 **MAP** 付録P.15 F-1

大正時代に建てられた木造3階建てで、宿としては昭和5年（1930）に創業。玄関の吹き抜けは、大林監督の映画の撮影にも使用されたこの宿のシンボル。瀬戸内の新鮮な魚介を使った会席料理が味わえる。

1. 木のぬくもりと懐かしさを感じさせる古き良き昭和のたたずまい 2. 尾道の食材を料理長が厳選

☎0848-37-2480
所広島県尾道市十四日元町3-27 交JR尾道駅から徒歩15分 Pあり in16:00 out10:00 室5室 予1泊2食付1万2000円～

瀬戸内海の特等席で絶景温泉とグルメを楽しむ

きのえ温泉 ホテル清風館
きのえおんせん ホテルせいふうかん

1. 瀬戸内海の大パノラマが広がり晴れた日にははるか石鎚連峰を望む 2. 人気のデラックスルーム陽光

大崎上島 **MAP** 付録P.3 E-4

多島美を誇る大崎上島の岬に建つ。絶景露天風呂温泉と海の幸をふんだんに使った料理が自慢。名物バーテンダーが作る創作カクテルと星月夜は、忘れられない時間になるはず。瀬戸内海を一枚の絵に見たてたデラックスルーム陽光もある。

☎0846-62-0555
所広島県大崎上島町沖浦1900 交垂水港から車で20分（無料送迎バスあり、要予約） Pあり in15:30 out10:00 室55室 予1泊2食付1万8850円～

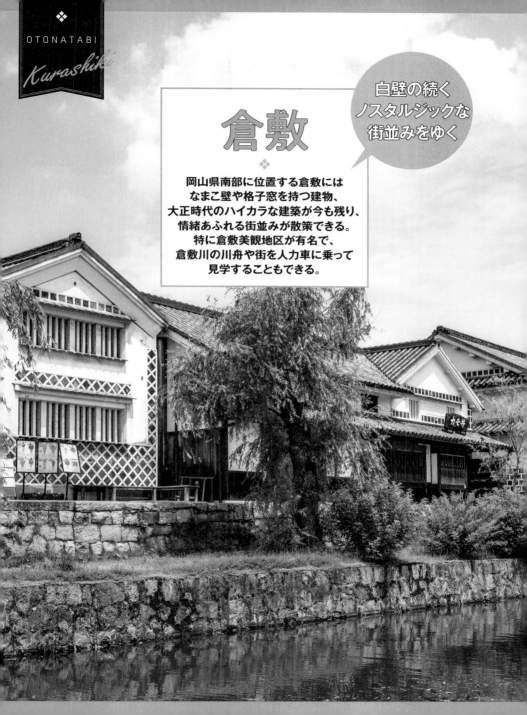

倉敷

白壁の続く
ノスタルジックな
街並みをゆく

岡山県南部に位置する倉敷には
なまこ壁や格子窓を持つ建物、
大正時代のハイカラな建築が今も残り、
情緒あふれる街並みが散策できる。
特に倉敷美観地区が有名で、
倉敷川の川舟や街を人力車に乗って
見学することもできる。

エリアと観光のポイント

倉敷はこんなところです

倉敷美観地区と呼ばれる、街の景観を保護している一帯が
倉敷観光の中心だ。

↑大原美術館の隣、ツタに覆われた外壁が印象的な喫茶店エル・グレコ（P.150）

素敵なお店に出会える

本町通り周辺
ほんまちどおり

阿智神社のある鶴形山公園は街並みが一望できる。麓に沿うように延びる本町通りは職人や商人の町家をリノベートした個性的な雑貨店などが軒を連ねていて、歩くだけでも楽しい。

観光のポイント おしゃれな雑貨屋やひと休みに最適なカフェなどが多い

↑大正時代から今も現役の銀行である中国銀行

文化的な施設が集まる

倉敷川周辺
くらしきがわ

両岸に柳の枝が揺れる倉敷川をゆったりと川舟が行き交う景色や、白壁の町家が続く美しいエリア。趣向を凝らしたレストランも多く、大原美術館を訪れたあとは、食事を楽しみたい。

観光のポイント 大原美術館以外にも個性的なミュージアムが点在する

↑川の周辺には倉敷物語館など昔の面影が残る建物が並ぶ

↑街の中心を流れる倉敷川。かつては運河として使われていた

倉敷駅

🚉倉敷駅

倉敷ハイウェイ乗り場

誓願

阿知南

林源十郎商店 🏯

えびす屋 倉敷 🏯
倉敷物語館 🏯

美観地区入口

語らい座
大原本邸 🏯

有隣荘

エル・グレコ 🅲
🏨倉敷国際ホテル

大原美術館 🏯

🚩大原美術館

・分館

倉敷川周辺

倉敷中央通り

・倉敷市立美術館

中央1

🛣国道2号線

⬆眺望を求めるなら阿智神社がある鶴形山公園(P.134)へ

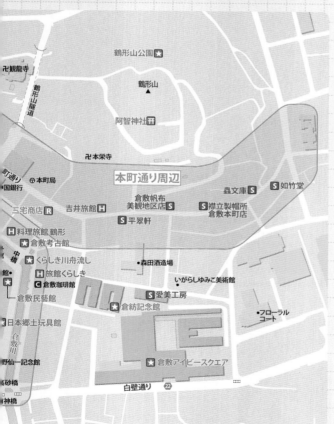

本町通り周辺

卍観龍寺
鶴形山公園 ★
鶴形山 ▲
鶴形山隧道
阿智神社 ⛩
卍本栄寺
町通り
本町局
国銀行
蟲文庫 S
如竹堂 S
倉敷帆布
美観地区店 S
襟立製帽所
倉敷本町店 S
三宅商店 R
吉井旅館 H
平翠軒 S
料理旅館,鶴形 H
倉敷考古館
中
橋
くらしき川舟流し
森田酒造場
いがらしゆみこ美術館
館
旅館くらしき H
倉敷珈琲館 C
愛美工房 S
倉敷民藝館
倉紡記念館
日本郷土玩具館
フローラル
コート
倉敷川
野仙一記念館
高砂橋
倉敷アイビースクエア ★
神橋
白壁通り 22

交通information

周辺エリアから倉敷へのアクセス

電車・バス

JR尾道駅

⬇山陽本線で1時間5分

JR倉敷駅

⬆中鉄バスまたは
下電バスで35分
⬆JR山陽本線普通で
17分

岡山桃太郎空港

JR岡山駅

⬆JR倉敷駅。以前は8階建てのホテル付きだったが、2015年減築工事により3階建ての現在の姿に

⬆JR倉敷駅北口には倉敷チボリ公園のシンボルだった時計塔が置かれている

車

福山西IC

⬇山陽自動車道経由56km

倉敷IC

⬆山陽自動車道経由16km

岡山IC

問い合わせ先

観光案内
倉敷観光コンベンションビューロー
☎086-421-0224
倉敷駅前観光案内所
☎086-424-1220
倉敷館観光案内所 ➡P.129

交通案内
下電バス(興除営業所)
☎086-298-9011
中鉄バス(岡山営業所)
☎086-222-6601
JR西日本お客様センター
☎0570-00-2486

倉敷にこんなところです

川沿いに柳の揺れる蔵の街を歩く

倉敷美観地区
くらしきびかんちく

倉敷川沿いに並ぶ蔵の白壁と、柳並木との美しいコントラスト。江戸時代に商人の街として栄え、当時の面影を今に残している。

MAP 付録P.16-17

新旧の魅力が共存する美観地区
美術館などの文化施設も訪れたい

　江戸幕府直轄の天領として栄えた倉敷は、倉敷川の水運に恵まれた商業都市。観光の中心となる美観地区には、江戸から明治時代に建てられた町家や蔵が今も残り、往時の繁栄を伝えている。

　最近は、古い建物を改修・再生したショップやレストランなどが増え、伝統とモダンが見事に融合。川沿いに続く柳並木との調和も美しく、夜はライトアップされ、幻想的な雰囲気を漂わせる。

　芸術の街としても知られ、実業家・大原孫三郎（おおはらまござぶろう）が設立した大原美術館は、世界的名画の宝庫。日本で2番目に古い民藝館もあり、膨大なコレクションを通して多彩な芸術にふれることができる。

◯美観地区の中核のひとつ、大原美術館。古代ギリシャ・ローマ神殿風の建物

散策のポイント

江戸情緒たっぷりの街並みの独特な建築様式にも注目

素晴らしいコレクションを持つ大原美術館はぜひ訪れたい

本町通り周辺はグルメや雑貨など注目のお店が目白押し

小舟や人力車で巡る美観地区　徒歩では見えない、新しい風景が広がる。

くらしき川舟流し
くらしきかわふねながし

MAP 付録P.17 D-3

風情ある倉敷の街並みを川舟でゆったりと楽しめる倉敷川の観光川舟。船頭のガイド付きで今橋と高砂橋を20分ほどの乗船時間で往復する。

☎086-422-0542（倉敷館観光案内所）
所岡山県倉敷市中央1-4-8
時9:30（始発）〜17:00（最終）　休第2月曜、12〜2月は月〜金曜　料乗船料500円
交JR倉敷駅から徒歩10分　Pなし

◯美しい景観を川舟から楽しむ

えびす屋 倉敷
えびすや くらしき

MAP 付録P.16 C-3

美観地区の魅力を車夫からじかに聞きながら巡る観光人力車。倉敷物語館から本町、東町をまわるコースなら30分ほどで一周できる。

☎086-486-1400
時9:30〜日没（季節により変動あり）
休無休　料1名4000円〜（2名の場合は1名2500円〜）　交倉敷物語館前（乗車場）は、JR倉敷駅から徒歩9分　Pなし

◯おすすめを紹介しながら街を案内してくれる

倉敷　歩く・観る

〔 お役立ちinformation 〕

倉敷美観地区の移動手段

JR倉敷駅から美観地区の中央、観光案内所がある倉敷館までは徒歩10分ほど。地区内も散策できる範囲なので、移動は徒歩が基本。

夜間ライトアップ

倉敷川沿いの建物が日没〜22:00（10〜3月は〜21:00）の間、ライトアップされる。

観光案内所／ボランティアガイド

◉倉敷館観光案内所
☎086-422-0542
所岡山県倉敷市中央1-4-8 営9:00〜18:00
休無休 交JR倉敷駅から徒歩10分

◉倉敷地区ウェルカム観光ガイド連絡会
所要1時間30分の、徒歩による無料観光ガイドツアーを実施。倉敷館に集合、出発。英語でのガイドツアーも行っている。
☎086-436-7734（受付時間火・金曜9:00〜12:00）営9:30、13:30の1日2回催行、予約不要（有料の予約も可能）休無休

◆倉敷の文化を詳しく案内してくれる

1 大戸
↑主屋入口と長屋門のこと。夜間の出入りのためにくぐり戸がある

2 倉敷格子
↑親竪子の間に、上端を切り詰めた細い子が3本入るのが特徴

3 倉敷窓
↑2階正面に開かれた窓で、木地の竪子が3本または5本入る

4 なまこ壁
↑正方形の平瓦を並べ、目地を漆喰で盛り上げて埋めた外壁

情緒あふれる暮らしの風景
美観地区の街並みと名建築

白壁土蔵が印象的な町家など伝統的な建築物が多く残る。人々の暮らしに思いを馳せ、風情ある街並みを散策。

倉敷の町家建築を知る
大橋家住宅
おおはしけじゅうたく
倉敷川周辺 **MAP** 付録P.16 C-3

**倉敷町家の特徴が随所に見られる
江戸時代に栄えた豪商の屋敷**

江戸時代に水田・塩田開発や金融業で財を成した大橋家の邸宅。代官所の許可なくしては建てられなかった長屋門を構え、その奥に主屋が配置されていることからも、格式の高さがうかがえる。主屋、長屋門、米蔵、内蔵が国の重要文化財に指定。

☎086-422-0007 ㊂岡山県倉敷市阿知3-21-31
㊙9:00〜17:00 ㊡12〜2月の金曜 ㊧550円
㊟JR倉敷駅から徒歩12分

注目ポイント
採光や通風に配慮した設計
すべての部屋から庭が見えるつくり。風流な坪庭が配され、広い建物の奥まで風や光が通るよう工夫されている。

いろりの部屋
年2回開催する企画展の会場。奥に畳と囲炉裏が配されている。

倉敷民藝館
くらしきみんげいかん
倉敷川周辺 **MAP** 付録 P.17 D-4

人々の暮らしのなかで生み出された古今東西の民芸品が一堂に集まる

江戸時代後期の米倉を改装して昭和23年（1948）に開館。陶磁器、ガラス、木工品、漆器など、約1万5000点におよぶ国内外の民芸品を所蔵する。その大半は初代館長・外村吉之介が集めたもので、衣食住に関わる生活用具の美しさが伝わる。売店は入場無料。

☎086-422-1637 ⓿岡山県倉敷市中央1-4-11 🕐10:00～17:00（最終入館16:30）🈭月曜（祝日の場合は開館）🉐1200円 🚉JR倉敷駅から徒歩15分

かごの部屋
かご好きだった初代館長が集めた世界各国のかごを展示。

李朝の部屋
李氏朝鮮時代の焼物や家具が並ぶ。優美な白磁が見どころ。

特設ギャラリー
展示即売会の会場として使用。通常は民芸品を常設展示。

岡山の民藝品
備中和紙・倉敷ガラスなど県内の民藝品を展示。

△真っ白な外壁に黒い貼り瓦が映える

注目ポイント

著名な詩人も愛した中庭
英国詩人エドモンド・ブランデンはこの中庭を絶賛し、感動を詩に残した。

↑古い商家の敷地内には町家や倉を利用したさまざまなショップがある

日本郷土玩具館
にほんきょうどがんぐかん
倉敷川周辺 **MAP** 付録P.17 D-4

地方色豊かな玩具

江戸時代から現代までの郷土玩具やおもちゃを約1万点展示。独楽や凧、人形など昔懐かしい品々が並ぶ。中庭を囲むショップやギャラリー、カフェも併設。

☎086-422-8058
所岡山県倉敷市中央1-4-16　時10:00〜17:00
休無休　料600円
交JR倉敷駅から徒歩15分

↑日本全国に伝わる多彩な郷土玩具がずらり

倉敷考古館
くらしきこうこかん
倉敷川周辺 **MAP** 付録P.17 D-3

吉備の歴史を物語る遺物が多数

岡山県下で発掘された考古資料を中心に展示。旧石器時代から中世にいたるまでの土器や石器など約300点が並ぶ。米蔵を改装した建物にも注目したい。

☎086-422-1542　所岡山県倉敷市中央1-3-13
時9:00〜17:00(入館は〜16:30)※変動あり
休月・火曜(祝日の場合は開館)※臨時休館あり
料500円　交JR倉敷駅から徒歩15分

↑↑貴重な出土品を陳列している(展示品は特別展の場合や時期により異なる)

↑建物の側面を覆うなまこ壁。白と黒が織りなす幾何学模様の美しさに目を奪われる

倉敷物語館
くらしきものがたりかん
倉敷川周辺 **MAP** 付録P.16 C-3

長屋門や土蔵は必見

東大橋家の住宅を整備。江戸時代の長屋門や土蔵をはじめ、歴史的な建造物が残る。館内には倉敷市の日本遺産を伝える展示コーナーやカフェなどがある。

☎086-435-1277
所岡山県倉敷市阿知2-23-18
時9:00〜21:00(12〜3月は〜19:00、入館は各15分前まで)　休無休　料無料　交JR倉敷駅から徒歩12分

↑江戸時代から昭和初期の建物群が並ぶ

⬆日本庭園を望む
離れ屋敷

語らい座 大原本邸
かたらいざ おおはらほんてい
倉敷川周辺 **MAP** 付録P.17 D-3

倉敷を代表する町家

国指定重要文化財の大原家当主の屋敷。
邸内には、石畳に連なる倉群、静寂の日
本庭園と、外からは想像できない景色が
広がる。加えて大原家の所蔵品、また斬
新な展示内容で、その歴史を体感するこ
とができる。
☎086-434-6277
所岡山県倉敷市中央1-2-1 開9:00〜17:00(入館
は〜16:30) 休月曜 料500円
交JR倉敷駅から徒歩12分

⬆倉敷川に面して建つ重厚な町家建築

有隣荘
ゆうりんそう
倉敷川周辺 **MAP** 付録P.17 D-3

瓦屋根が際立つ大原家旧別邸

昭和3年(1928)、大原孫三郎が夫人のために建
てた別邸。緑色に光る屋根瓦が印象的で、
「緑御殿」の呼び名で親しまれる。春と秋に内
部を特別公開。
☎086-422-0005(大原美術館)
所岡山県倉敷市中央1-3-18 開休料外観のみ見学自由
交JR倉敷駅から徒歩12分

⬆迎賓館としても使用され、昭和天皇も宿泊した

美観地区の散歩ではここに注目 江戸時代から残る遺構などに水運の街の風情を感じる。

ひさやい
美観地区でよく見か
ける狭い路地のこと。蔵
の両側には風情ある蔵
が連なり、のんびり
歩くだけでも十分楽
しい。

雁木
荷物の積み下ろしに利用され
た船着き場の石段。美観地区内
には、江戸時代に築かれたと
される雁木が5つある。

今橋
大正15年(1926)、皇
太子だった昭和天皇
の行啓に合わせて架
け替えられた。児島
虎次郎による龍の彫
刻が見事。

常夜灯
川灯台として寛政3年(1791)
に設置。かつて多くの船が往
来した倉敷川の歴史を伝える
貴重な遺構となっている。

古刹や歴史的建造物を守り、新たな観光スポットを生み出している倉敷の見どころをさらにご紹介。

好奇心を満たす倉敷の重要スポット

倉敷美観地区に鎮まる社
阿智神社
あちじんじゃ

鶴形山の頂上に鎮座し、宗像三女神を祀る。境内には、日本一の樹齢を誇るアケボノフジの藤棚、阿知の藤がある。

本町通り周辺 **MAP** 付録P.17 E-3
☎086-425-4898
㊟岡山県倉敷市本町12-1
⏰休料拝観自由
🚉JR倉敷駅から徒歩20分 🅿あり

↑2本を束ねた太い注連縄(上)、県指定天然記念物・阿知の藤(下)

桜や藤の名所として有名
鶴形山公園
つるがたやまこうえん

阿智神社周辺に整備された公園。約120本の桜や、「阿知の藤」と呼ばれる天然記念物の藤など、季節の花が美しい。

本町通り周辺 **MAP** 付録P.17 E-2
☎086-426-3495(倉敷市公園緑地課)
㊟岡山県倉敷市本町12-1
⏰休入園自由
🚉JR倉敷駅から徒歩20分 🅿なし

↑「阿知の藤」はアケボノフジという珍種で、薄紅色の花が咲く

レトロな紡績工場を再生
倉敷アイビースクエア
くらしきアイビースクエア

明治22年(1889)に建設された倉敷紡績所の本社工場を改修した複合文化施設。元工場の広大な敷地内に、ホテルやレストラン、記念館、おみやげショップ、体験工房などが集まる。

倉敷川周辺
MAP 付録P.17 E-4
☎086-422-0011(代表)
㊟岡山県倉敷市本町7-2
⏰休料施設により異なる
🚉JR倉敷駅から徒歩15分 🅿あり

↑ツタに覆われた赤レンガの建物。中央の広場は憩いのスペース

↑工場の面影が残るノコギリ屋根

━━倉敷アイビースクエア内の見どころ━━

倉紡記念館
くらぼうきねんかん

繊維メーカーのクラボウの史料を明治から年代順に紹介。日本の繊維産業の歩みがわかる。

☎086-422-0011(代表)
⏰10:00〜16:00(最終入館15:45)
休無休 料300円

↑原綿倉庫を再利用した建物は、登録有形文化財にも指定されている

愛美工房
あいびこうぼう

絵付け体験など、さまざまな陶芸体験ができる工房。初心者向けのコースもある。

☎086-424-0517(倉敷アイビースクエア陶芸教室)
⏰9:00〜17:30(体験は要予約) 休無休
料絵付けコース1300円〜ほか

←↑備前焼作りをはじめ、さまざまな種類の貴重な体験ができる

©クラボウ

江戸時代から未来へと続く、美しい街並み

倉敷、美観地区の歴史をたどる

臨海部は工業都市としての顔も持ち、中国地方で3番目の人口を誇る大都市・倉敷市にあって、
美しい歴史的景観を誇る倉敷美観地区。倉敷川沿いに栄えた街の歴史を振り返ってみよう。

江戸時代 水運を生かした物資の集積地

天領として栄える

江戸幕府の庇護のもとで発展した商都。倉敷川を
多くの船が行き交い、有力な豪商も現れた

　かつては高梁川河口の干潟に面した港町だった倉敷。江
戸時代初期から干拓による新田開発が進められ、現在のよう
な内陸の街となった。
　寛永19年(1642)、江戸幕府直轄の天領となって代官所
が置かれると、倉敷川を利用した物資輸送の拠点として繁
栄。川沿いには米や綿を扱う商家や土蔵が立ち並び、風情
ある街並みが形成された。江戸時代中期には、大原家、大
橋家といった豪商が誕生し、商業都市として隆盛を極めた。

明治時代〜現代 近代は紡績の街として再興

紡績所誕生が契機に

紡績業により再び繁栄の時代が到来
歴史的街並みは、貴重な観光資源に

　明治時代になると、天領としての役目を終えた倉敷は、急
速に活気を失って衰退。そのうえ、鉄道の開通で陸路の物
流が発達し、水運の需要は激減した。そんな状況を打開し
たのが、明治21年(1888)、大原家によって創業された倉敷
紡績所(現クラボウ)。以後、紡績業は倉敷の経済を支える
主要産業となり、地域の近代化に大きく貢献した。さらに、
2代目社長の大原孫三郎は、盟友の児島虎次郎とともに世界
的名画を収集し、大原美術館を設立。ほかにも、病院や研
究所の創設など、さまざまな社会事業に財を投じ、後世に多
大な功績を残した。
　孫三郎の後を継いだ大原總一郎は、時代に先駆けて景観
保存の重要性を提唱。その理念はのちの街並み保存運動の
きっかけとなり、荒廃しつつあった土蔵や町家は再生が進め
られた。昭和54年(1979)、倉敷川周辺が国の重要伝統的建
造物群保存地区に選定される。現在、倉敷美観地区として
保護されている美しい街並みには、景観の保存に取り組んだ
先人の知恵と努力が秘められている。

⊕明治末〜大正半ばの倉敷の様子。右手に倉敷紡績所の煙突が見える
〈写真提供:倉敷市文化振興課〉

⊕ 大正11年(1922)
に建てられたルネサ
ンス様式の石造物。
中国銀行倉敷本町出
張所として利用され
てきたが、2016年に
大原美術館に寄贈さ
れた。倉敷には町家
建築だけでなく、洋
館も数多く点在する

⊕水運で栄えた時代の遺構
が街の随所に残る。写真は
「雁木」と呼ばれる、船着場
の石段で、江戸時代に造ら
れたもの

倉敷 歴史年表

西暦	元号		事項
1642	寛永19		倉敷が江戸幕府の直轄地になる
1889	明治22		倉敷紡績工場が操業開始
1891		24	山陽鉄道・倉敷駅が開業する
1930	昭和5		大原美術館開館 ⊃ P.136
1969		44	倉敷市条例に基づき、美観地区制定される
2000	平成12		倉敷市美観地区景観条例が制定される

本館の入り口には2体の彫刻が

圧倒的な存在感を放つ 珠玉の名画を数多く収蔵

実業家・大原孫三郎（おおはらまごさぶろう）が、昭和5年（1930）に設立した日本最初の西洋絵画中心の私立美術館。孫三郎の支援を受けた洋画家・児島虎次郎がヨーロッパで収集した西洋絵画を中心に、約3000件を収蔵する。エル・グレコやモネといった世界的に知られる巨匠の名作は必見。すべてを見てまわると1〜2時間ほどかかるため、事前に鑑賞したい作品を絞っておくとよい。

倉敷川沿い **MAP** 付録P.17 D-3
☎086-422-0005
所岡山県倉敷市中央1-1-15
時9:00〜17:00（12〜2月は〜15:00）、ミュージアムショップは10:00〜17:15（12〜2月は〜16:00） 休月曜（祝日の場合は開館）、冬期休館あり。夏休み期間は無休
料2000円、音声ガイド600円
交JR倉敷駅から徒歩15分 Pなし

世界の美しい芸術と出会う
大原美術館
おおはらびじゅつかん

↪赤塗りとなまこ壁の組み合わせが斬新な印象を与える工芸・東洋館

画壇を代表する画家の名画から現代美術まで。
風格ある建物とモネの睡蓮が咲く庭に誘われ、極上のアート鑑賞を。

〔見学information〕

音声ガイドを利用する
美術館の歴史や本館の主要作品に関する詳しい解説が聞ける。料金600円。本館入口で申し込める。

ギャラリーツアーに参加
入館料のみで参加できる館内ツアーがおすすめ。毎週土・日曜に開催される。

美術館全体図

分館 ※休館中
新渓園
新展示棟
事務棟
工芸館
本館
研修棟
東洋館
入場券発売・手荷物預かり
ミュージアムショップ
正門
今橋
倉敷川
倉敷駅

↪敷地内の2館からなる

美術館の礎を築いた 2人の人物

生涯の親友でもあった孫三郎と虎次郎。彼らの高い志が、世界に誇るコレクションを実現した。

大原孫三郎
おおはらまごさぶろう
明治13年〜昭和18年（1880〜1943）

倉敷を基盤に広く活躍し、多くの社会事業に尽くした実業家。「日本の芸術界のために、優れた西洋美術を紹介したい」という児島虎次郎の熱意に惚れ込み、多額の私財を投じて美術品収集を支援した。

児島虎次郎
こじまとらじろう
明治14年〜昭和4年（1881〜1929）

岡山県生まれの洋画家。大原孫三郎の援助で3度にわたり渡欧し、制作に励むかたわら西洋美術作品の収集に尽力。多数の名画を持ち帰り、日本の美術界の発展に貢献した。

東洋の美意識が宿る工芸品
工芸・東洋館

江戸時代の米蔵を利用した展示室。工芸館には民芸運動で活躍した6人の作品が展示され、東洋館には虎次郎が集めた東アジアの古美術が並ぶ。

作品 一光三尊像
いっこうさんぞんぞう

作家 作者不明
北魏時代（6世紀前半）

中国の北魏時代に制作された高さ約2.5mの石仏。中央に本尊、左右に菩薩が配され、ほっそりとした体躯が特徴。かつては光背が完全な形であったという。

工芸・東洋館案内図

作品 青釉黒流描大皿
あおゆうくろながしがきおおざら

作家 濱田庄司
はまだしょうじ
昭和31年（1956）

直径55.2cmもの大皿を、電動や蹴ろくろを使わず、手ろくろだけで作り出したという傑作。釉薬を流しかけて描いた躍動的な紋様が素晴らしい。

作品 風の字のれん
かぜのじのれん

作家 芹沢銈介
せりざわけいすけ
昭和52年（1977）

文字の図案化を得意とした芹沢の特質を示す作品。シンプルなデザインながら味わい深く、さわやかな風のイメージを想起させる。

作品 二菩薩釈迦十大弟子板画柵
にぼさつしゃかじゅうだいでしはんがさく

作家 棟方志功
むなかたしこう
昭和14年（1939）

釈迦の主要な弟子10人に、普賢・文殊の2菩薩を加えた12体の仏画。ヴェネツィア・ビエンナーレで最高賞を受賞し、これを機に「世界のムナカタ」の地位を確立した。

建物の意匠・デザインに注目してみよう

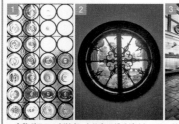

1. 倉敷ガラスの創始者・小谷真三が手がけたステンドグラス
2. 本館2階の美しい丸窓。この窓から大原本邸が見渡せる
3. 栗の木で作った木レンガの床。歩くとポクポクと音がする

ミュージアムショップで記念品探し

収蔵作品をモチーフにした多彩なオリジナル商品を販売。美術館に入館しなくても利用できる。

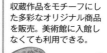
⬇オリジナルマスキングテープ341円～

⬇ひと言添えたいときに。そえぶみ箋封筒5枚便箋30枚入り330円

⬆名作たちにふきだしが。アートはんこ各1100円

⬇モネの『睡蓮』があしらわれたスカーフ1760円

13

不朽の名作を間近で鑑賞

本館

古代ギリシャ・ローマ神殿風の建物と新展示棟からなる。児島虎次郎が収集した世界的名画をはじめ、ヨーロッパやアメリカの現代美術などを展示する。

作品 受胎告知
じゅたいこくち

作家 エル・グレコ
1590年頃〜1603年

聖母マリアが大天使ガブリエルからキリストの受胎を告げられる場面を描いたもの。大胆な構図と鮮烈な色彩が印象的で、臨場感に満ちている。

本館案内図

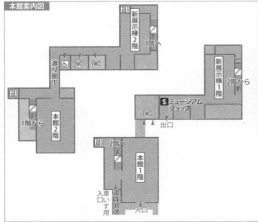

新展示棟2階
1階へ
渡り廊下
WC WC
本館2階
1階から
2階へ
本館1階
2階へ
スロープ
車いす用
入口
出口
WC
S ミュージアムショップ
新展示棟1階
2階から

作品 睡蓮
すいれん

作家 クロード・モネ
1906年頃

有名な『睡蓮』の連作のひとつ。明るい陽光や反射、風によるさざ波など、刻々と移りゆく水面の様子が繊細なタッチで表現されている。

作品 かぐわしき大地
かぐわしきだいち

作家 ポール・ゴーギャン
1892年

タヒチの少女をモデルに、エデンの園のイヴを描いた作品。イヴをそそのかすヘビの代わりに、赤い翼を持つ怪鳥が描写されている。

作品 和服を着たベルギーの少女
わふくをきたベルギーのしょうじょ

作家 児島虎次郎
こじまとらじろう
1911年

虎次郎がベルギー留学中に制作したもので、パリのサロンに出品し初入選を果たした。豊かな色彩や勢いのある筆遣いが目を引く。

近現代の日本洋画に注目

本館では、明治時代から現代までの日本画家による洋画の代表作も展示している。

※作品は展示替えによって
見学できない場合があります

作品 童女舞姿
どうじょまいすがた

作家 岸田劉生
きしだりゅうせい
大正13年（1924）

長女麗子を描いた一連の作品のうちのひとつ。扇を持ち赤い着物をまとった立ち姿には、岸田の東洋趣味が反映されている。

作品 享楽
きょうらく

作家 青木繁
あおきしげる
明治36〜37年
（1903〜1904）

天平時代の女性が楽器を持つ姿を描写したもので、多くの色彩を用いた女性の衣服が美しい。古き良き時代への郷愁が見てとれる。

前庭にはロダン、ムーアらの彫刻が並ぶ

作品 信仰の悲しみ
しんこうのかなしみ

作家 関根正二
せきねしょうじ
大正7年（1918）

20歳で夭折した関根の、19歳のときの作品。病気で衰弱していた彼が見た幻覚を描いたものだという。鮮やかな朱色が幻想的効果を高めている。

作品 外房風景
そとぼうふうけい

作家 安井曾太郎
やすいそうたろう
昭和6年（1931）

房総半島の旅館から眺めた風景を、横長の画面に描いた大作。白を多用した色調や、手前の松の木と遠くに広がる山々とのコントラストが見事。

※作品は展示替えによって
見学できない場合があります

13

シンプルながらもどこかかわいらしい
ライフスタイル商品が揃う(shop 三宅商店)

倉敷から魅力あるライフスタイルを提案

林源十郎商店で見つける豊かな暮らし

倉敷のライフスタイルのトレンドを知るならここ!
感度の高い人々の注目を集める衣食住の店が集う。

こだわりあるハイセンスなセレクトに注目!

林源十郎商店
はやしげんじゅうろうしょうてん

「豊かな暮らし」をテーマに、ライフアイテムを扱う11店舗が集まる複合ショップ。江戸時代から続く製薬会社の歴史ある建物を、屋号を引き継いで再建。雑貨からデニム、フードまで、ぬくもりあふれる個性的なショップめぐりを楽しんで。

本町通り周辺 **MAP** 付録P.17 D-3
☎086-423-6010(代表)
㊡岡山県倉敷市阿知2-23-10 **定休**店舗により異なる
㊡JR倉敷駅から徒歩12分 **P**なし

フロアマップ

⬆ shop 三宅商店
⬇ pizzeria
CONO FORESTA

母屋
pizzeria CONO FORESTA
客室 二号店

離れ
T.S.L Kurashiki

本館1階
アチブランチ
Cafe Gewa
画室「ART & ANTIQUES」

本館2階
shop 三宅商店

本館3階
如雨露 jorro
林源十郎商店記念室

蔵
EL'CANEK
THIS.

倉敷まちなみ食堂
アカネイロ

㊞倉敷駅
本通り
入口
入口

【 気になるお店をクローズアップ 】

↑センスが光る小物が多く並ぶ

静かな個性が光る日用品の数々

アチブランチ

アチブランチ

本館1階　雑貨

身の回りにあったらうれしくなるような上質で使いやすい日用品が並ぶ。店内のほぼすべてが職人や作家と作ったオリジナル商品で、展覧会やワークショップも行われている。

☎086-441-7710
営10:00～18:00　休月曜（祝日の場合は翌日）

陶製の置物
多くの工程を重ねて、ていねいに手作り。1870円

タオルマフラー
今治の杉綾織ガーゼ。肌ざわり抜群。2486円

一言カード
消しゴム版画家ナンシー関さんのもの。682円

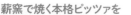

印判手の皿
明治の手工業的印刷絵付で味がある。1100円

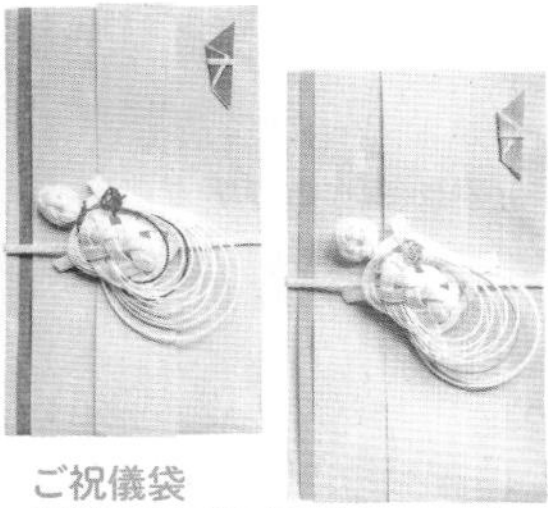

ご祝儀袋
備中和紙と天賞堂祝儀店とのコラボ。各1650円

自家製ジャム
近隣の契約農家の果物を使用。大1296円（左）、小594円（右）

白桃のピクルス
カレーやワインなどによく合う。583円

暮らしを豊かにする良品を一堂に

shop 三宅商店

ショップ みやけしょうてん

本館2階　雑貨

イッタラやアラビアの食器のほか、倉敷発信の暮らしにまつわる良品を集めたショップ。

☎086-423-6080
営10:00～18:00
休月曜（祝日の場合は翌日）

→倉敷発の独創的な商品のほか、世界の有名デザインのものもある

薪窯で焼く本格ピッツァを

pizzeria CONO FORESTA

ピッツェリア コノ フォレスタ

母屋　ピザ&パスタ

イタリア産の粉と塩を使って長時間発酵させた生地をナポリ製の薪窯で焼き上げたピッツァは絶品。趣ある日本家屋と緑に囲まれたパティオで優雅な時間を。

☎086-423-6021
営8:45～10:30(LO) 11:30～21:00(LO)
休月曜（祝日の場合は翌日）、第2火曜

↓メインをピッツァとパスタから選べるランチセット1600円～。地元食材をふんだんに使用

予約　ランチのみ不可
予算　Ⓛ1600円～　Ⓓ3000円～

↑ひときわ目を引く店舗奥の薪窯

文具や雑貨など、ここでしか出会え
ないアイテムも多数

楽しい暮らし、上質な時間
感性が輝く
雑貨＆インテリア

デザイン性が高く、
使い勝手も良いアイテムは、
こだわり派のあの人にも
自信を持ってプレゼントできそう。
大切な人へのおみやげにも
ぴったり。

1

如竹堂
にょちくどう

本町通り周辺 **MAP** 付録P.17 F-3

かわいい「マステ」が豊富に揃う

大正7年（1918）創業。マスキングテープをメ
インに、全国から取り寄せたかわいい紙小
物や雑貨を販売。一番人気は1100種類以上
を取り揃えるマスキングテープ。定番はも
ちろん、ユニークな柄や新作も続々登場。

☎086-422-2666
所岡山県倉敷市本町14-5
営10:00～17:30
（夏季は延長あり）
休無休　交JR倉敷駅から
徒歩17分　Pなし

➡紙袋・うちわをデコレー
ションできる無料体験も◎。
土・日曜は缶バッジや段
ボール箱（数量限定）も体
験可

1. 猫モチーフがかわいい。ネコテープ415円
2. 美観地区に軒を連ねる町家をプリント。倉
敷町家テープ415円
3. キュートな紙風船ペンギン170円
4. 遊び箋のなかで一番の人気を誇る桃太郎
330円

2

3

4

→ポストカードは外国人にも人気

倉敷クラシカ
（くらしきクラシカ）

本町通り周辺 **MAP** 付録P.17 F-3

昭和時代の倉敷を垣間見て

昭和40年代の倉敷の街や鉄道を撮り続けた写真家・天野正雄氏の、ノスタルジックなモノクロポストカードが人気。店内のアンティーク机では手紙を書くことも可能。旅の思い出をつづってみては。

☎086-424-3559
所岡山県倉敷市本町14-2
⊙11:00～17:00
休火曜、不定休
交JR倉敷駅から徒歩17分

1.お坊さんのマスキングテープ540円。入荷後すぐに完売するほど大人気
2.小物やアクセサリー入れにも◎。桐ケース2000円～
3.4.天野氏が撮り続けてきた昭和40年代の風景がポストカードに。1枚210円～

1

3

2

4

蟲文庫
（むしぶんこ）

本町通り周辺 **MAP** 付録P.17 E-3

本との一期一会を楽しんで

美観地区の外れにたたずむ古書店。宇宙や植物、昆虫などの自然科学をはじめとしたオールジャンルの本がお店を賑わせている。その数なんと約6000冊。お気に入りの一冊を探しに訪れてみては。

1.読めば苔の魅力が伝わるはず！店主著『苔とあるく』1720円 2.苔などがデザインされたしおりセット4枚入り200円

☎086-425-8693
所岡山県倉敷市本町11-20
⊙11:00頃～18:00頃
休不定休
交JR倉敷駅から徒歩17分
Pなし

↑古本以外に新刊やCDも販売

MUNI CARPETS
（ムニカーペット）

本町通り周辺 **MAP** 付録P.17 F-3

手仕事の美が際立つ絨毯

幻のチャイニーズ・ラグを再現し、天然素材で織り上げるオリジナルカーペット。伝統文様を用いつつ現代の暮らしにもなじむ、洗練されたクラシカルモダンなデザインが魅力。一枚ごとに異なる表情や肌ざわりを確かめて。

☎086-426-6226
所岡山県倉敷市東町2-4
⊙10:00～18:00
休火・水曜
交JR倉敷駅から徒歩17分
Pあり

↑建物も味わい深い

←サイズ展開や柄も多彩。暮らしに合った商品を提案

1

2

3

1.鮮やかな水色に浮かぶ中国古来の吉祥図。30万8000円（正式名称：歳寒三友四君子文氈／61cm×91cm）
2.ムーンライトブルーの牡丹の花が高貴な印象。86万9000円（正式名称：牡丹文辺萬字繁地文氈／91cm×183cm）
3.深い藍と伝統意匠が特徴。洋にも和にも合う。28万2700円（正式名称：藍地明式草龍文氈／61cm×91cm）

14

ハイセンスな
おしゃれアイテム

見れば作り手の繊細な仕事がよくわかる!
シンプルで高品質、飽きずに長く使える
愛すべきファッションアイテムとの出会い。

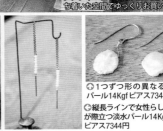

アンティークの家具が並ぶ店内。落ち着いた空間でゆっくりお買い物を

華奢で素敵なアイテムが
いっぱい

呂舎
ろしゃ

本町通り周辺 [MAP] 付録 P.17 F-3

☎090-5700-6652
[所]岡山県倉敷市本町14-5
1F [営]12:00〜16:00
[休]不定休 [交]JR倉敷駅から徒歩17分 [P]なし

アトリエ併設でオリジナルのアクセサリーとジュエリーを販売。年代やスタイルを選ばないシンプルなデザインで、日常づかいに最適。重ね付けやトータルコーディネートもしやすいものが揃っている。

⤴指先を美しく見せてくれる繊細なデザイン。ワイヤーリング 淡水パール2700円(上)。ワイヤーリング K10ミラーボール3780円(下)

⤴1つずつ形の異なるケシパール14Kgf ピアス7344円
⤴縦長ラインで女性らしさが際立つ淡水パール14Kgf ピアス7344円

世界でひとつだけのオリジナル
帽子がオーダーできる製帽所

襟立製帽所 倉敷本町店
えりたてせいぼうしょ くらしきほんまちてん

本町通り周辺 [MAP] 付録 P.17 E-3

老舗帽子メーカーのファクトリーショップとして誕生。季節に合わせた素材を用い、常に新しいデザインを取り入れた帽子は男女問わず愛されている。ブレード帽子は色やサイズが選べるフルオーダーも可能。

☎086-422-6544
[所]岡山県倉敷市本町11-26
[営]10:00〜18:00 [休]水曜
[交]JR倉敷駅から徒歩15分
[P]なし

⤴型崩れしにくいので、カバンに入れても安心。ハット1万6500円

⤴バックのリボンがキュート。麻ブレードカサブランカ1万6500円
⤴インディゴ染め刺子ハンチング9350円

ずっと使い続けたい
味わいある帆布アイテム

倉敷帆布 美観地区店
くらしきはんぷ びかんちくてん

本町通り周辺 [MAP] 付録 P.17 E-3

倉敷帆布の織物会社である機屋の直営店。バッグから小物まで多彩なアイテムを揃え、飽きがこないシンプルなデザインが幅広い世代に人気。

☎086-435-3553
[所]岡山県倉敷市本町11-33
[営]10:00〜17:00 [休]月曜
[交]JR倉敷駅から徒歩15分
[P]なし

⤴帆布と牛革の上品なバッグ2万2000円

⤴A4サイズも収まる大容量のヨコ型トート7150円

⤴荷物の少ない日のおでかけに最適。ギボシトート1万6500円

⤴使い込むほどに味が出る帆布のポーチ2090円

⤴帆布グッズは、軽くて丈夫

倉敷・蒜山

全国にファンを持つ
個性豊かな食みやげ

定番人気！
食の銘品

わざわざ足を運んででも買い求めたい
老舗の味、選び抜かれた味の逸品。

⤵個性あるお気に入りの逸品を求めて、
何度も足を運ぶ美食ファンも多いそう

食のコレクターが厳選！
1300種類もの美食がずらり

平翠軒
へいすいけん

本町通り周辺 **MAP** 付録P.17 E-3
世界中の「うまいもん」が集まった
食のセレクトショップ。オーナー
が自ら選び抜いた、体にやさしい
こだわりの逸品が並ぶ。調味料や
お菓子など、目移りする品揃え。
☎0120-334-833
🏠岡山県倉敷市本町8-8
🕙10:00～18:00 🚫月曜
🚉JR倉敷駅から徒歩15分 🅿あり

VIVA GARLIC
ビバガーリック
青森産にんにくを刻みオリ
ーブオイル煮に。料理に深み
を出してくれる。1458円

金平ガラス
手作りの琉球ガラスの瓶に
カラフルな金平糖が入る。
1980円

吉田牧場 ラクレットチーズ
全国区で人気の高い「吉田牧場」のチー
ズ。溶かして食べると美味。100g972円

カファレル
チョコラティーノ
缶 てんとう虫
イタリアのチョコ
レート。毎年新し
くなるパッケージ
にも注目。1404円

⤵旅をいつまでも楽しめる健康づくりを、岡山の文化とともに発信

フルーツ甘酒
自家製の甘酒にフルーツをかけ合わ
せたドリンク。アイスとホットがあ
る。各500円

麹と発酵の魅力を発信する
イートイン併設のショップ

旅のくすり箱
たびのくすりばこ

倉敷川周辺 **MAP** 付録P.17 D-4
倉敷美観地区内の薬局だった建物
を活用したショップで、麹をはじ
めとする発酵調味料や食品を専門
に取り扱う。イートインを併設し、
麹ドリンクやお酒も楽しめる。
☎086-454-5636
🏠岡山県倉敷市本町5-15
🕙10:00～18:00 🚫月曜
🚉JR倉敷駅から徒歩15分 🅿なし

黒麹甘酒量り売り
酸味があり、牛乳で割ると
飲むヨーグルトのよう。
10g50円

いろはに酒
お酒4種類の飲み比べセット。お酒
の銘柄は日替わり。1200円

旅館くらしき御膳 2750円（要予約）
山海の幸を彩り豊かに盛り込んだ、お造り
や替わり鉢など料理長厳選の9品。季節ごと
の献立で、四季を感じられる

日本庭園を眺めながら
情緒ある優雅なひととき

旅館くらしき
りょかんくらしき

日本料理

倉敷川周辺 **MAP** 付録P.17 D-3

美観地区の中心部にある老舗料理旅館。
個別に仕切られたテーブル席で情緒あ
る日本庭園を眺めながら、ゆったりと
食事が楽しめる。季節限定メニューの
ほか、そばやカレー、ティータイムに
は和菓子付きの抹茶やスイーツなども
あり、喫茶としての利用もできる。

☎ 086-422-0730
所 岡山県倉敷市本町4-1　営 11:00～14:00(LO)
14:00～17:00(ティータイム)　休 月曜（祝日
の場合は営業）　交 JR倉敷駅から徒歩15分　P な
し(宿泊者のみ利用可)

予約 11:00入店のみ可
予算 L 2000円～

⬆中庭の日本庭園に面したテーブル席

落ち着いた和の空間で旬の味覚をいただく
風情ある町家で
とっておきランチ

古い町家を改装したおしゃれなレストランやカフェ。
磨き上げられた床や柱、手の込んだ料理に、もてなしの心を感じて。

築220年余の米蔵を改装
本格フレンチに舌鼓

レストラン八間蔵
レストランはちけんぐら

予約 望ましい
予算
L 2750円～
D 5500円～

倉敷川周辺 **MAP** 付録P.16 C-3

フランス料理

寛政8年(1796)、江戸時代中期に建築された重要文
化財・大橋家住宅の米蔵を改装したレストラン。梁が
そのまま残った高い天井が特徴的で、和の情緒あふ
れるシックな雰囲気のなかでいただく本格フレンチ
は格別。美食とともに特別な時間を過ごしたい。

☎ 086-423-2122(9:00～19:00)
086-423-2400(19:00～9:00)
所 岡山県倉敷市阿知3-21-19 倉敷ロイヤルアートホテル内
営 11:30～14:30(LO13:30) 17:30
～21:30(LO20:30)　休 月曜（祝日
の場合は営業）　交 JR倉敷駅から
徒歩12分　P あり

⬆和モダンなたたずまいが
大人時間を演出

蔵ランチ 2750円
季節の食材を使用したシェフおすすめの
ランチ。月替わりの内容で、アミューズ
からデザートまでゆっくりと堪能したい
※写真はイメージです

落ち着きある日本家屋で
岡山の名物を堪能

冨來屋本舗 本館
とらいやほんぽ ほんかん

日本料理

倉敷川周辺 **MAP** 付録P.17 D-4
美観地区内にある岡山の郷土料理が
味わえる店。古い旅館を改装した店
内は、情緒ある空間。岡山県産のた
かきびを気候に合わせて品質やコシ
などを調整したきびそばが名物で、
ままかりや千屋牛も味わえる。

☎086-427-0122
所岡山県倉敷市本町6-21
営11:00〜19:00(LO)
休月曜 交JR倉敷駅から徒歩15分
Pなし

予約	可
予算	
Ⓛ1600円〜	
Ⓓ4400円〜	

予約	可
予算	
Ⓛ2000円〜	
Ⓓ4000円〜	

↑い草や花ゴザの
魅力も発信

**きび膳
（ままかり寿司3貫）
1980円**
きびそばに岡山名物のま
まかり寿司がついた満足
感のあるセット。ままかり
寿司は下津井たこ飯に変
更も可能

盛り付けも美しい和食膳
古民家で気軽に味わえる

倉敷 和のうまみ処 桜草
くらしき わのうまみどころ さくらそう

日本料理

本町通り周辺 **MAP** 付録P.17 D-3
約100年前に建てられた古民家を改装した和食処。
瀬戸内の魚など岡山県産の新鮮な食材をふんだん
に使い、手間ひまかけた繊細な味わいの品々が並ぶ。

料理に合う地酒も豊富
で、近所にある森田酒造
をはじめ県内のさまざま
な味を揃えている。

☎086-426-5010
所岡山県倉敷市本町3-11
営11:30〜14:00 17:30〜
22:00 休月曜、月1回日曜
交JR倉敷駅から徒歩12分
Pなし

↑座敷のほか、テーブル席や
カウンター席も用意

公花堂弁当 1600円
毎月替わる、バラエティ豊かな
季節の献立が手ごろに味わえる
人気メニュー。数量限定なので
予約を入れたい

時間が止まったような懐かしさ
ほっこりできる人気カフェ

三宅商店
みやけしょうてん

洋食

本町通り周辺 **MAP** 付録P.17 D-3
江戸時代後期に建てられた町家を、
使えるところはそのまま残した趣の
ある建物。カフェ工房で作った自家
製ジャムや地元発の雑貨の販売も。

↑まるで家にいるようにくつろげる

☎086-426-4600
所岡山県倉敷市本町3-11
営11:30(日曜8:30)〜17:30 土曜11:00〜
20:00(12〜2月、7〜9月は変動あり)
休無休 交JR倉敷駅から徒歩12分 Pなし

予約	可(季節により不可の場合あり)
予算	Ⓛ1100円〜
	Ⓓ4950円〜

→年8種類、約1カ
月半ごとに変わる季
節限定パフェ

三宅カレー 1100円
四季で変わる季節のカ
レーとスープ、浅漬け付
きの単品カレー。平日限
定でお得なセットも

白を基調としたおしゃれな店内

厳選食材を最高の味わいに

贅沢な一皿。
優雅な時間

昔ながらの味を守り続ける老舗、
仕入れに合わせてメニューを組む名店。
どちらも食材の良さを生かした料理。

オードブルの盛り合わせ
1400円〜
バラエティ豊かな味が楽しめる。
コースメニューとしても提供

予約	望ましい
予算	Ⓛ2100円〜
	Ⓓ4600円〜

牛ヒレのステーキ
1800円
ポルチーニ茸の芳醇な
ソースがやわらかなヒ
レ肉によく合う

彩り豊かな山海の幸たっぷり
本格派フレンチを気軽に堪能

Premier
プルミエ

フランス料理

倉敷川周辺 **MAP** 付録P.17 D-4

オーナーシェフの地元・下津井産
の魚介や近隣農家の野菜を中心に、
厳選した食材を生かしたフレンチ
をていねいにサーブしてくれる。
農家と相談して食材を選定したり、
自家菜園の野菜や獲れたてのジビ
エがメニューにのぼることも。人
気店なので予約を入れておきたい。

☎086-422-3600
所岡山県倉敷市中央1-5-13
営11:30〜14:30(LO) 17:30〜21:00(LO)
休水曜 交JR倉敷駅から徒歩15分
Ｐあり

変わらぬ味を守り続ける
夫婦で営むビストロ

みやけ亭
みやけてい

| 予約 | 可（土・日曜、祝日のランチは不可） |
| 予算 | L D 1320円〜 |

本町通り周辺 **MAP** 付録P.17 D-3　洋食

昭和52年（1977）のオープンからメニューはほとんど変わらないという昔ながらの洋食店。人気の牛タンシチューのほか各種肉料理から魚料理まで、よく吟味した近隣の食材でのメニューを取り揃えている。カウンター席があるので一人で気軽に立ち寄れるのもうれしい。

牛タンシチュー 3400円
ほろりとやわらかくなるまで6時間以上煮込んでいる。スープ、ミニサラダ、パンのセットはプラス500円

エビと貝柱の
グラタン990円
スープのようにとろりとして、魚介の旨みがたっぷり

☎086-421-6966
所岡山県倉敷市阿知2-23-8
営11:30〜13:50(LO)
17:30〜20:50(LO)
休月曜（祝日の場合は翌日）
交JR倉敷駅から徒歩15分
Pなし

↑レンガ造りの建物の中にレトロな空間が広がる

地元の人に交じって
地酒とともに炭火焼きを

やき鳥
くらしき高田屋
やきとりくらしきたかたや

日本料理

本町通り周辺 **MAP** 付録P.17 E-3

炭火で焼いた香ばしい焼き鳥がリーズナブルにいただける。良い素材が本来持つ旨みをそのまま味わえるよう、基本的な味付けは塩で。店の向かいにある醸造所、森田酒造のお酒を中心とした地酒も一緒に楽しめる。

↑酒蔵を改装した民芸調の店
☎086-425-9262
所岡山県倉敷市本町11-36
営17:00〜21:30(LO)
休月曜
交JR倉敷駅から徒歩15分
Pなし

| 予約 | 要 |
| 予算 | D 2000円〜 |

元気丼770円、アスパラ巻き286円、ちそ巻き187円※左上から右回りに
「元気丼」は、にんにくの芽を豚肉で巻いた人気メニュー「元気の出る串」220円の丼バージョン

ままかり寿司
4貫1320円
岡山を代表する魚のママカリの酢〆を使った握り（写真は以前のもの）

元米蔵の風情ある店で味わう
こだわりの郷土料理

| 予約 | 望ましい |
| 予算 | L 2000円〜 D 5000円〜 |

浜吉 ままかり亭
はまよしままかりてい

日本料理

倉敷川周辺 **MAP** 付録P.17 D-3

店名にもあるママカリのほか、瀬戸内で獲れた活きタコやサワラなど旬の幸をさまざまな調理法で楽しめる。たまり醤油は地元のものをベースに調合し、料理に合う味を追求。日本酒もすべて地酒で揃え、地元ならではの味を心ゆくまで堪能できる。

☎086-427-7112
所岡山県倉敷市本町3-12
営11:00〜14:00 17:00〜22:00
休月曜（祝日、年末年始は営業）
交JR倉敷駅から徒歩15分
Pなし

↑約180年前の米蔵の面影が残る

カフェ＆スイーツ

一人でも仲間とでも
くつろげる大人の空間

おいしいコーヒーと
とっておきのスイーツで
心豊かな時間が過ごせる。

2階はエミール・ガレのガラス作品
の展示も〈くらしき桃子 倉敷本店〉

美術館の隣で、タイムスリップ

エル・グレコ

☎086-422-0297
所岡山県倉敷市中央1-1-11
営10:00〜17:00
休月曜（祝日の場合は営業）
交JR倉敷駅から徒歩12分
Pなし

倉敷川周辺 MAP 付録P.17 D-3

ツタに覆われた趣ある建物は、大正末期に大原美術館と同じ設計者が手がけ、昭和34年(1959)に喫茶店として改装された。店内もメニューも古き良き時代を感じさせる。美術鑑賞後の余韻を妨げないよう、BGMをかけない心遣いも。

⤴高い天井に広い格子窓がすがすがしい

⤴NYで食べた味を再現した、ブルーベリーソースのレアチーズケーキ660円

⤴コーヒー720円のほか、平飼いの鶏の卵を使ったミルクセーキも人気

果物王国のフルーツたっぷり！

くらしき桃子 倉敷本店
くらしきももこ くらしきほんてん

☎086-427-0007
所岡山県倉敷市本町4-1
営10:00〜18:00(11〜2月は〜17:00) カフェLOは各30分前 休無休 交JR倉敷駅から徒歩15分 Pなし

倉敷川周辺 MAP 付録P.17 D-4

名物の白桃をはじめ、季節によって変わる旬のフルーツメニューが楽しめる。1階はフルーツを使ったおみやげにフレッシュジュースやジェラートのテイクアウト、2階はフルーツパフェなどが楽しめる喫茶スペースになっている。

⤴岡山県産の果物を使ったスティックゼリー5本セット486円

⤴人気No.1の桃パフェ(6月中旬〜9月中旬限定)

⤴シャインマスカットパフェ(6月中旬〜2月中旬限定)

↑腕によりをかけた四季折々の料理を味わえる

倉敷美観地区内に建つ
文人墨客に愛された宿

旅館くらしき
りょかんくらしき

倉敷川周辺 **MAP** 付録P.17 D-3

↑倉敷川のほとりに建ち、天領の名残をとどめる老舗料理旅館

築160年余の旧砂糖問屋の屋敷と蔵を改装。倉敷川が流れる風情ある景色が眺められる「西の間」をはじめ、2世帯向けのゆったりとした「奥座敷」、メゾネットタイプの「蔵の間」など、客室はすべてスイート仕様。夕食は彩りも鮮やかな瀬戸内の旬の味覚が楽しめる。

☎086-422-0730
🏠岡山県倉敷市本町4-1　🚋JR倉敷駅から徒歩15分　🅿あり　in15:00　out11:00　🛏8室
💰1泊2食付4万1500円〜

↑和室とフローリングのベッドルームを備えた和モダンの「西の間」

歴史を感じながら過ごしたい
倉敷の名宿

趣のある街並みが旅情をそそる倉敷美観地区。
かつての文人や志士も訪れた由緒ある宿へ。

白壁と格子戸の伝統的な建築で
坂本龍馬も訪れた町家旅館

吉井旅館
よしいりょかん

本町通り周辺 **MAP** 付録P.17 E-3

江戸時代後期に建てられた民家を明治22年(1889)に旅館として創業。6室ある客室は、茶室風の部屋や民芸調の部屋など、部屋ごとに趣向が異なり、檜風呂と高野槙風呂の2つある貸切風呂は、家族連れにも好評。

☎086-422-0118
🏠岡山県倉敷市本町1-29　🚋JR倉敷駅から徒歩15分　🅿あり　in15:00　out10:00　🛏6室
💰1泊2食付2万8080円〜

↑江戸時代の建物や蔵など改築した老舗割烹旅館。倉敷のおもてなしの心を4代目の女将が守る

↑料理長の心づくしの懐石料理を堪能できる

↑結納や祝い事、披露宴などにも利用できる

↓坂本龍馬が宿泊した「かえでの間」

歴史を刻む由緒ある旧商家
山海の旬の幸を会席料理で味わう

料理旅館 鶴形

りょうりりょかん つるがた

倉敷川周辺 **MAP** 付録P.17 D-3

延享元年(1744)に建てられた江戸中期町家の厨子2階造りの風格ある建物。格子窓から倉敷川を望む2階の大広間の太い梁や棟木の重厚さは往時の商家の繁栄を物語る。中庭には樹齢400年余の老木や石灯籠、北山杉などがあり風情豊かだ。

☎086-424-1635
所岡山県倉敷市中央1-3-15 交JR倉敷駅から徒歩15分 Pあり in15:00 out10:00 室11室 予約1泊2食付1万9000円〜

かつての奥座敷で19畳のゆったりとした「阿知の間」。縁側からは中庭の老松や灯籠を望む

夕食は部屋食でいただける

木のぬくもりを感じるロビー

倉敷美観地区の中心部にありながら、館内は静寂で凛とした空気が漂う

棟方志功の板画が宿泊客を出迎える

本格的なフランス料理が食べられる

ラグジュアリーをテーマにエレガントな空間を演出する本館スタンダードツインルーム

ヨーロピアンスタイルの建物で
夕食はフランス料理フルコース

倉敷国際ホテル

くらしきこくさいホテル

倉敷川周辺 **MAP** 付録P.16 C-3

大原美術館に隣接。建物は倉敷出身の建築家・浦辺鎮太郎氏による設計で、和と洋を融合させた欧風の外観は倉敷の風土に溶け込んでいる。吹き抜けの玄関ロビーには棟方志功の大きな板画が飾られている。

☎086-422-5141
所岡山県倉敷市中央1-1-44 交JR倉敷駅から徒歩10分 Pあり(有料) in14:00 out11:00 室105室 予約1泊朝食付1万2705円〜

日本建築学会賞作品賞を受賞した建物

アクセスと交通

陸路や空路を使い、効率的に観光を楽しもう

高速道路がよく整備されており、
山陽新幹線が通っているため便利。
宮島や離島へのアクセスに利用する
フェリーや高速船などの海路も、
瀬戸内ならではの風情。

宮島・広島・尾道・倉敷へのアクセス

山陽エリアの中心である広島、岡山は交通網が発達しており、鉄道や車、飛行機とアクセス良好。
新幹線は便数が多く、利用しやすい。空港からは各地へのリムジンバスも出ており、選択肢は多い。

飛行機でのアクセス

遠方から便利、空港からはリムジンバス

広島空港、岡山桃太郎空港までは札幌、沖縄、東京などから
直行便が出ている。空港から各地へはバスが運行。

お役立ち情報
広島空港と岩国錦帯橋空港の発着航空券は相互で利用可能。行きは羽田空港から広島空港へ、帰りは岩国錦帯橋空港から羽田空港へといった利用方法の場合でも、往復運賃でのチケット購入ができる。

新千歳空港
仙台空港
成田空港
羽田空港
広島空港 **岡山桃太郎空港**
岩国錦帯橋空港
那覇空港

●問い合わせ先
ANA（全日空）・・・・☎0570-029-222
JAL（日本航空）／JTA（日本トランス
オーシャン航空）・☎0570-025-071
中鉄バス・・・・・・・☎086-222-6601
下電バス・・・・・・・☎086-298-9011
いわくにバス・・・・☎0827-22-1092

IBX（IBEXエアラインズ）
・・・・・・・・・・・☎0570-057-489
広島電鉄広島北営業所（広島空港
リムジンバス）・・☎082-231-5171
おのみちバス・・・☎0848-46-4301

広島空港へ

出発地	便名	便数	所要時間	料金
新千歳空港	ANA ／ JAL	2便／日	2時間15分	5万3240円～
仙台空港	ANA（IBX）	3便／日	1時間45分	4万4200円～
羽田空港	ANA ／ JAL	16便／日	1時間30分	3万5090円～
成田空港	SJO	2便／日	1時間40分	3980円～
那覇空港	ANA	1便／日	1時間45分	3万7300円～

岡山桃太郎空港へ

出発地	便名	便数	所要時間	料金
新千歳空港	ANA	1便／日	2時間10分	5万1000円～
羽田空港	ANA ／ JAL	10便／日	1時間20分	3万4650円～
那覇空港	JTA	1便／日	1時間50分	3万9820円～

岩国錦帯橋空港へ

出発地	便名	便数	所要時間	料金
羽田空港	ANA	5便／日	1時間45分	3万5100円～
那覇空港	ANA	1便／日	1時間45分	3万7300円～

空港からの主なアクセス

広島空港	広島空港リムジンバス 45分／1450円	広島駅新幹線口
広島空港	広島空港リムジンバス 1時間5分／1400円	JR福山駅
岡山桃太郎空港	中鉄バス／下電バス 35分／1150円	JR倉敷駅
岩国錦帯橋空港	いわくにバス 7分／200円	JR岩国駅

車でのアクセス

山陽自動車道をメインルートで各地へ

東京・大阪方面からは中国自動車道の中国吹田IC、神戸JCTを経由し、山陽自動車道へ入り各地へ。倉敷市街へは山陽自動車道・倉敷ICから国道429号を経由して到着。尾道市街へは山陽自動車道・福山西ICから松永バイパス、国道184号などを経由。広島市街へは山陽自動車道・広島東IC、広島高速中出入口を経由。

●問い合わせ先
日本道路交通情報センター（中国地方・広島情報）・・・☎050-3369-6634
日本道路交通情報センター（岡山情報）・・・・・・・・・☎050-3369-6633
日本道路交通情報センター（最寄り地域情報 携帯短縮）・☎#8011
NEXCO西日本お客さまセンター・・・・・・・・・・・・・・・☎0120-924-863

広島周辺の主要道路

米子IC
北房JCT
落合JC
浜田IC
島根県
浜田自動車道
三次JCT
岡山県
岡山JCT
倉敷JCT
千代田JCT
広島北JCT
広島県
倉敷IC
福山IC
早島JCT
広島JCT
広島東IC
尾道IC
山陽自動車道
新尾道駅
西瀬戸道IC
坂出IC
山口JCT
広島駅
大野IC
向島
岩国IC
新岩国駅
瀬戸内海
香川県
山口JCT
今治IC
愛媛県
今治湯ノ浦IC
川之江JCT

新幹線でのアクセス

乗り継ぎ簡単、各地への移動もスムーズ

便数が多く、主要駅から各地への乗り継ぎが簡単で便利なのが新幹線。広島、宮島を観光するなら、まずはJR広島駅へ。尾道を観光するならJR福山駅、倉敷を観光するならJR岡山駅へ行き、JR山陽本線に乗り換えを。お得な割引きっぷもあわせて調べておこう（詳細は右下）。

●問い合わせ先
JR西日本お客様センター ･･････････････････････ ☎0570-00-2486
JR東海テレフォンセンター ･･･････････････････ ☎050-3772-3910

宮島へ

東京駅	新幹線のぞみ	広島駅	JR山陽本線	宮島口駅
	4時間40分／1万9960円			
新大阪駅	新幹線のぞみ／みずほ／さくら	広島駅	JR山陽本線	
	2時間／1万950円～			
博多駅	新幹線のぞみ／みずほ／さくら	広島駅	JR山陽本線	
	1時間40分／9630円～			

※宮島へはJR宮島口駅から徒歩6分の宮島口でフェリーに乗り、宮島桟橋で下船（10分／200円）。JR西日本宮島フェリーと宮島松大汽船がそれぞれ15分間隔（多客時は10分間隔）で運航している。

広島へ

東京駅	新幹線のぞみ	広島駅
	4時間／1万9960円	
新大阪駅	新幹線のぞみ／みずほ／さくら／ひかり	
	1時間30分／1万620円～	
博多駅	新幹線のぞみ／みずほ／さくら／ひかり	
	1時間10分／9300円～	

尾道へ

東京駅	新幹線のぞみ	福山駅	JR山陽本線	尾道駅
	4時間／1万8840円			
新大阪駅	新幹線のぞみ／さくら／ひかり	福山駅	JR山陽本線	
	1時間40分／8640円～			
博多駅	新幹線のぞみ／みずほ／さくら／ひかり	福山駅	JR山陽本線	
	2時間10分／1万1830円～			

倉敷へ

東京駅	新幹線のぞみ	岡山駅	JR山陽本線	倉敷駅
	3時間50分／1万7970円			
新大阪駅	新幹線のぞみ／みずほ／さくら／ひかり	岡山駅	JR山陽本線	
	1時間20分／6670円～			
博多駅	新幹線のぞみ／みずほ／さくら／ひかり	岡山駅	JR山陽本線	
	2時間20分／1万3160円～			

※所要時間はおおよその目安

高速バスでのアクセス

交通費を抑えて旅したい方におすすめ

割安な運賃が魅力。遠方から向かう際に夜行便を利用し、時間を有効活用することもできる。昼行便の本数も多い。

●問い合わせ先
小田急バス予約センター ･････････････････････ ☎03-5438-8511
関東バス座席センター ･･･････････････････････ ☎03-3386-5489
中国JRバス電話予約センター ･････････････････ ☎0570-666-012
両備高速バスコンタクトセンター ･･････････････ ☎0570-08-5050
JR九州バス高速予約センター ･････････････････ ☎092-643-8541

広島へ

東京駅	ドリーム岡山・広島号・中国JRバス	広島駅新幹線口
	13時間～／5500円～	
大阪駅	広島エクスプレス大阪号・中国JRバスほか	広島駅新幹線口
	5時間20分／4400円～	
博多駅	広福ライナー・JR九州バスほか	広島駅新幹線口
	4時間45分／4250円	

尾道へ

新宿駅	エトワールセト号・小田急ハイウェイバスほか	尾道駅前
	10時間50分／1万1700円	

倉敷へ

バスタ新宿	ルミナス・マスカット号・関東バスほか	倉敷駅北口
	10時間40分／7000円～	
博多駅	ペガサス・両備バスほか	倉敷駅北口
	8時間20分／6600円～	

※バスタ新宿は新宿駅南口

お得な割引きっぷ

●広島たびパス（広島電鉄株式会社）
広島市内の路面電車と船舶（宮島松大汽船・JR西日本宮島フェリー）や路線バスを自由に乗り降りできる。
料金・有効期間：1dayパス1000円、2dayパス1500円、3dayパス2000円
販売場所：JR広島駅新幹線口1階バスきっぷ売り場（交通案内所）、広島バスセンターなど（デジタルチケットもあり）

●宮島・瀬戸内tabiwaぐるりんパス（JR西日本）
広島市内の路面電車、観光船、宮島フェリーなどが3日間乗り降り自由に。広島・宮島エリアの5観光施設の入場券付。
料金：3700円
有効期限：3日　販売場所：JRおでかけネットHP（https://www.jr-odekake.net/）

※飛行機は2023年10月の料金、鉄道は通常期に指定席を利用した場合の料金です。夏休みや年末年始などの繁忙期は金額が異なることがあります。

都市間のアクセス

岩国～倉敷間は鉄道なら山陽本線、車なら山陽自動車道を
メインに利用し、スムーズに移動することができる。

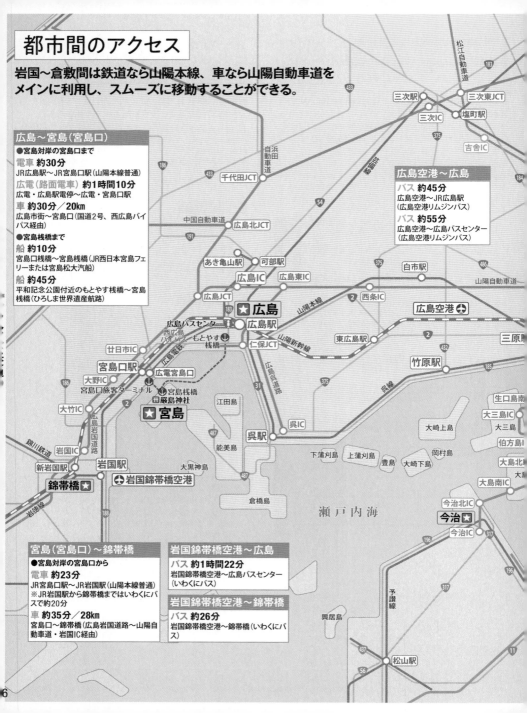

広島～宮島（宮島口）

●宮島対岸の宮島口まで

電車 約30分
JR広島駅～JR宮島口駅（山陽本線普通）

広電（路面電車）約1時間10分
広電・広島駅電停～広電・宮島口駅

車 約30分／20km
広島市街～宮島口（国道2号、西広島バイパス経由）

●宮島桟橋まで

船 約10分
宮島口桟橋～宮島桟橋（JR西日本宮島フェリーまたは宮島松大汽船）

船 約45分
平和記念公園付近のもとやす桟橋～宮島桟橋（ひろしま世界遺産航路）

広島空港～広島

バス 約45分
広島空港～JR広島駅
（広島空港リムジンバス）

バス 約55分
広島空港～広島バスセンター
（広島空港リムジンバス）

宮島（宮島口）～錦帯橋

●宮島対岸の宮島口から

電車 約23分
JR宮島口駅～JR岩国駅（山陽本線普通）
※JR岩国駅から錦帯橋まではいわくにバスで約20分

車 約35分／28km
宮島口～錦帯橋（広島岩国道路～山陽自動車道・岩国IC経由）

岩国錦帯橋空港～広島

バス 約1時間22分
岩国錦帯橋空港～広島バスセンター
（いわくにバス）

岩国錦帯橋空港～錦帯橋

バス 約26分
岩国錦帯橋空港～錦帯橋（いわくにバス）

広島～尾道

電車 約50分～1時間
JR広島駅～JR福山駅（新幹線さくら／のぞみ）、JR福山駅～JR尾道駅（山陽本線普通）

車 約1時間30分／85km
広島市街～尾道市街（山陽自動車道・広島東IC～尾道IC経由）

高速バス 約1時間35分
広島バスセンター～JR尾道駅（フラワーライナー）

尾道～倉敷

電車 約1時間5分
JR尾道駅～JR倉敷駅（山陽本線普通）

車 約1時間／66km
尾道市街～倉敷市街（山陽自動車道・福山西IC～倉敷IC経由）

広島空港～尾道

バス＋電車 約1時間
JR三原駅（中国バス）、JR三原駅～JR尾道駅（山陽本線普通）

今治～尾道（因島大橋）

●因島大橋まで

高速バス 約50分
JR今治駅～因島大橋BS（しまなみライナー）
※JR尾道駅までは因島大橋BSで路線バスに乗り換え約30分

車 約55分／50km
今治市街～因島大橋（瀬戸内しまなみ海道・今治北IC～因島南、国道317号経由）

岡山～倉敷

電車 約17分
JR岡山駅～JR倉敷駅（山陽本線普通）

車 約45分／18km
岡山市街～倉敷市街（県道242号経由）

岡山桃太郎空港～倉敷

バス 約35分
岡山桃太郎空港～倉敷駅北口（中鉄バス／下電バス・倉敷駅北口行き）

福山～鞆の浦

路線バス 約30分
JR福山駅～鞆の浦バス停（トモテツバス・鞆港行き）

車 約30分／14km
福山市街～鞆港（県道22号経由）

INDEX

STAFF

編集制作 Editors
(株)K&Bパブリッシャーズ

取材・執筆・撮影 Writers & Photographers
大田亜矢　住田茜　戸田千文　森本記子　平谷尚子
藤本珠美　太田裕子　植田敬太郎　篠原ゆき
ながおたかあき　貴島稔之　内田和宏　早田梨津子
西田英俊　石原慎太郎　キクイヒロシ　石川達司
TJ Hiroshima編集室

執筆協力 Writers
遠藤優子　伊藤麻衣子　森合紀子　成沢拓司
田中美和

編集協力 Editors
(株)ジェオ

本文・表紙デザイン Cover & Editorial Design
(株)K&Bパブリッシャーズ

表紙写真 Cover Photo
PIXTA

地図制作 Maps
トラベラ・ドットネット(株)
DIG.Factory

写真協力 Photographs
関係各市町村観光課・観光協会
関係諸施設
PIXTA

総合プロデューサー Total Producer
河村季里

TAC出版担当 Producer
君塚太

TAC出版海外版権担当 Copyright Export
野崎博和

エグゼクティヴ・プロデューサー
Executive Producer
猪野樹

おとな旅 プレミアム
宮島・広島 尾道・倉敷 第4版

2024年2月5日　初版　第1刷発行

著　　　者	TAC出版編集部	
発　行　者	多　田　敏　男	
発　行　所	TAC株式会社　出版事業部	
	（TAC出版）	

〒101-8383 東京都千代田区神田三崎町3-2-18
電話　03(5276)9492(営業)
FAX　03(5276)9674
https://shuppan.tac-school.co.jp

印　　刷	株式会社　光邦
製　　本	東京美術紙工協業組合

©TAC 2024　Printed in Japan　　ISBN978-4-300-10985-4
N.D.C.291　　　　　　　　落丁・乱丁本はお取り替えいたします。

本書に掲載した地図の作成に当たっては、国土地理院発行の数値地図(国土基本情報)電子国土基本図(地図情報)、数値地図(国土基本情報)電子国土基本図(地名情報)及び数値地図(国土基本情報20万)を調整しました。